Michael Grünberger | Anna Katharina Mangold
Nora Markard | Mehrdad Payandeh | Emanuel V. Towfigh

Diversität in Rechtswissenschaft und Rechtspraxis

Ein Essay

Nomos

Die Deutsche Nationalbibliothek verzeichnet diese Publikation in der Deutschen Nationalbibliografie; detaillierte bibliografische Daten sind im Internet über http://dnb.d-nb.de abrufbar.

1. Auflage 2021

Publiziert von
Nomos Verlagsgesellschaft mbH & Co. KG
Waldseestraße 3–5 | 76530 Baden-Baden
www.nomos.de

Gesamtherstellung:
Nomos Verlagsgesellschaft mbH & Co. KG
Waldseestraße 3–5 | 76530 Baden-Baden

ISBN (Print): 978-3-8487-8370-0
ISBN (ePDF): 978-3-7489-2761-7

DOI: https://doi.org/10.5771/9783748927617

Onlineversion
Nomos eLibrary

Vorwort

Das große Versprechen demokratisch verfasster Rechtsstaaten ist die Teilhabe aller ihnen unterworfenen Menschen – die Gewährleistung *gleicher Freiheit*. Der Grad der Einlösung dieses Versprechens ist ein wichtiger Maßstab für den Entwicklungsstand, für die Reife und die Qualität solcher Ordnungen. Es verwundert daher nicht, wenn seit jeher (und in jüngerer Zeit mit besonderem Impetus) in Demokratien überall auf der Welt Fragen nach der Inklusivität und Offenheit dieser Gesellschaften und damit der tatsächlichen Chancengleichheit ihrer Subjekte laut werden, heute etwa: Haben Frauen nicht nur auf dem Papier die gleichen Möglichkeiten, Vorstandspositionen zu erklimmen? Können Menschen dunkler Hautfarbe jederzeit vertrauensvoll mit der Polizei interagieren? Sind Gebäude für Menschen mit Behinderungen selbstverständlich zugänglich? Wie (un)bedingt also lässt unsere Gesellschaft menschliches Sein und Verhalten in all seiner grund- und menschenrechtlich geschützten Vielfalt zu? Geht man davon aus, dass Kategorien wie „Geschlecht", „Herkunft", „sexuelle Orientierung", „Rasse", „Behinderung" usw. weder rechtlich eine Unterscheidung rechtfertigen noch Talente und Neigungen, Stärken und Schwächen entlang dieser Merkmale unterschiedlich verteilt sind, so müsste jedenfalls im Grundsatz jeder Lebensbereich die Diversität der Gesellschaft reflektieren. Fehlende Diversität ist dann ein Anzeichen für Strukturen und Verhaltensweisen, die die volle Wahrnehmung der Freiheit und Entfaltung aller Menschen – und damit des Potentials einer Gesellschaft – behindern. Dies gilt auch für Rechtswissenschaft und Rechtspraxis.

Das Recht steckt den Rahmen für verbindliche und durch die Staatsgewalt durchsetzbare Entscheidungen ab – im Vertikalverhältnis zwischen dem Staat und den Menschen und im Horizontalverhältnis zwischen privaten Akteuren. Es schafft damit auch die Bedingungen für Diversität: Es kann Inklusion verlangen, einklagbar machen, sanktionieren – oder Exklusion ermöglichen, perpetuieren, befördern. Gleichzeitig hängt die Akzeptanz unserer Rechtsordnung maßgeblich davon ab, ob das Recht als gerecht wahrgenommen wird, ob es das demokratische Versprechen auf gleiche Teilhabe einzulösen vermag – und ob der Rechtsapparat sich als hinreichend zugänglich und als sensibel für die Anliegen aller Menschen erweist. Rechtswissenschaft und Rechtspraxis sind als Motoren der Entwicklung des Rechtsstaats daher auch daran zu messen, wie sehr sie Diversität selbst, im eigenen gesellschaftlichen Subsystem, zulassen, umsetzen und sichtbar werden lassen.

Welche gesellschaftliche Sprengkraft in Strukturen liegen kann, die diesen Ansprüchen nicht gerecht werden, hat etwa die *Black Lives Matter*-Bewegung in den USA eindrücklich vor Augen geführt. Die Einforderung von Teilhabe und Gerechtigkeit wurde rasch auch in Deutschland aufgegriffen und ist auch hierzulande eng verknüpft mit Fragen nach Recht und Rechtsanwendung. In diesem Zusammenhang hat *Amadou Korbinian Sow* einen Beitrag mit dem Titel „Was ‚weiße' Rechtswissenschaft jetzt tun kann. Vom schöpferischen Widerstand des Rechts" auf dem Verfassungsblog veröffentlicht. Dieser Beitrag ist nicht nur in den Kommentaren des Blogs intensiv diskutiert worden, sondern war auch für uns ein wichtiger Impuls, die Frage der Diversität von Rechtswissenschaft und Rechtspraxis in Deutschland zu reflektieren.

Der Diskurs um das Thema Diversität wird vielfach als verminteses Terrain wahrgenommen. Er ist stark ideologisch und politisch aufgeladen. Rasch ist von Moralisierung, Generalverdacht oder gar „umgekehrter Diskriminierung" die Rede. Während bereits das Thema Geschlechtergleichstellung nach wie vor kontrovers ist, gilt das Thema Rassismus als derart heikel, dass, so unser Eindruck, darüber zu viel geschwiegen wird, auch und gerade in der Rechtswissenschaft. Wie schwierig und herausfordernd allein die sprachliche Benennung des Problems ist, wurde uns rasch deutlich: Wie sollten wir bezeichnen, was wir in diesem Essay untersuchen wollten? Schon die Beschreibung des Phänomens, die Verwendung angemessener Sprache und Begriffe, ist heikel. Und doch können wir uns von der Welt nur in sprachlicher Form ein Bild machen; erst, wenn wir uns intersubjektiv verständigen können, wird es möglich, gemeinsame Problembeschreibungen und angemessene Lösungen zu entwickeln. Auch empirische Untersuchungen bedürfen der Kategorienbildung. Unser Weg durch dieses herausfordernde Dickicht war, einander stets guten Willen zu unterstellen, auf den zwanglosen Zwang des besseren Arguments zu vertrauen, Fehler zu erlauben und einzuräumen und für Kritik offen zu bleiben. Diese Bereitschaft wünschen wir uns auch von unserer Leserschaft und für den weiteren Diskurs.

Unser Anliegen ist vor diesem Hintergrund, eine Grundlage für einen sachlichen Austausch über Diversität als aktuelle und drängende Herausforderung und Aufgabe für Rechtswissenschaft und Rechtspraxis zu schaffen. Es geht uns um konstruktive Vorschläge für eine gleichberechtigte Teilhabe an den juristischen Berufsfeldern und den Zugängen, dem Einfluss und den Gestaltungsmöglichkeiten, die sie eröffnen. Dies erfordert eine Analyse der Faktoren, die zur gegenwärtigen Homogenität beitragen.

Wir fragen uns daher nicht nur, wie die aktuelle Situation angemessen beschrieben werden kann, sondern auch, was unser eigener Anteil an ihr ist und wie wir sie verändern könnten. Wir sind der Überzeugung, dass wir auf der Basis dessen, was wir bereits wissen, schon heute beginnen sollten, mehr Diversität in Rechtswissenschaft und Rechtspraxis zu erreichen.

Der vorliegende Beitrag ist das Ergebnis intensiver Diskussionen nicht nur zwischen den Verfasserinnen und Verfassern, sondern auch mit zahlreichen weiteren Kolleginnen und Kollegen. Für wertvolle und hilfreiche Kommentare danken wir *Cengiz Barskanmaz*, *Barbara Dauner-Lieb*, *Klaus Ferdinand Gärditz*, *Julian Junk*, *Julian Krüper*, *Doris Liebscher*, *Ralf Michaels*, *Niels Petersen*, *Nahed Samour*, *Tobias Singelnstein* und *Amadou Korbinian Sow*.

Wir verstehen diesen Essay gleichwohl nicht als Abschluss eines Prozesses, sondern als Impuls und als Einladung – zum Lesen, zum Nachdenken, zur konstruktiven Kritik und zum gemeinsamen Handeln.

Wir freuen uns auf einen anregenden Austausch!

Die Autorinnen und Autoren
im Mai 2021

Inhaltsverzeichnis

I. Einleitung

Schaut man in Gerichts- oder Amtsstuben, in Parlamentssäle, Partnerversammlungen von Anwaltskanzleien und die Hörsäle der Republik, wird eine weitgehende Homogenität sichtbar, die der gesellschaftlichen Vielfalt in Deutschland nicht entspricht. Rechtswissenschaft und Rechtspraxis sind immer noch weit überwiegend männlich. Und sie sind nach wie vor fast vollständig weiß. Das wirft die Frage nach der Diversität in Rechtswissenschaft und Rechtspraxis auf.

Diversität ist ein Begriff, der Konjunktur hat. In allen gesellschaftlichen Lebensbereichen wird über die Einlösung des aufklärerischen Versprechens der Gleichheit aller Menschen in ihrer Vielfalt diskutiert: Das beginnt bei der Frauenquote für Vorstände oder bei geschlechterparitätisch besetzten Listen im Verhältniswahlrecht, setzt sich bei der Debatte um die Inklusion von Menschen mit Behinderungen und von Angehörigen von Minderheiten-Religionen fort und endet lange nicht beim Migrations- und Staatsangehörigkeitsrecht. Diversität ist damit längst nicht mehr nur ein Schlagwort für die Einstellungspolitik in Unternehmen. Das Konzept ist auch im rechtswissenschaftlichen Diskurs angekommen.[1]

Diversität steht in diesen aktuellen gesellschaftlichen Debatten für die Forderung, dass sich die Vielfalt menschlicher Identitäten gleichberechtigt in staatlichen und gesellschaftlichen Institutionen wiederfindet.[2] Speziell für die Rechtswissenschaft hat der Wissenschaftsrat die Forderung nach (mehr) Diversität mit dem Potential begründet, dass damit die Qualität der rechtswissenschaftlichen Forschung steigt

1 Näher *Lembke*, Diversity als Rechtsbegriff. Eine Einführung, Rechtswissenschaft 2012, S. 46; *Grünberger*, Geschlechtergerechtigkeit im Wettbewerb der Regulierungsmodelle, Rechtswissenschaft 2012, S. 1 (8 ff.).

2 Vgl. *Lembke*, Diversity als Rechtsbegriff. Eine Einführung, Rechtswissenschaft 2012, S. 46 (47, 50); zum dahinterstehenden Gleichheitsverständnis *Grünberger*, Personale Gleichheit, 2013, S. 874 ff., 902 ff.; *Mangold*, Demokratische Inklusion durch Recht, 2021, S. 397 ff.

und sich die Vielfalt der Forschungsperspektiven weitet.[3] Unter anderem aufgrund historisch gewachsener gesellschaftlicher Strukturen geschieht dies allerdings nicht von selbst, sondern bedarf besonderer Maßnahmen. Deswegen wird so viel über Fördermaßnahmen für Personengruppen diskutiert, die historisch Ausgrenzung, Marginalisierung und Diskriminierung erfahren haben und nach wie vor erfahren.

Der Anspruch der Diversität steht in diesen Debatten für menschliche Vielfalt in vielerlei Hinsichten. Während jedoch Exklusionseffekte entlang des Geschlechts in staatlichen und gesellschaftlichen Institutionen seit Längerem in der Diskussion sind und auch für die Rechtswissenschaft und -praxis untersucht werden,[4] bleiben andere Diversitätsdimensionen unterbelichtet. Dies gilt insbesondere für rassistische Exklusionen, über die zu sprechen in Deutschland schon terminologisch als besonders schwierig gilt.

Die Schwierigkeiten, das Problem adäquat zu benennen, und die ernste Frage, wie wir am besten darüber sprechen können, sollten gleichwohl nicht dazu führen, die fehlende Diversität zu beschweigen. In Teil II dieses Essays versuchen wir uns daher an einer Begriffsbildung und wenden uns dann in Teil III den – bisher nur fragmentiert und unvollständig – vorliegenden Daten zu. Trotz ihrer Defizite, die mit den begrifflichen Problemen eng zusammenhängen, weist die derzeitige Datenlage deutlich auf ein erhebliches Diversitätsdefizit hin, dessen Ursachen zumindest auch in strukturellen sozialen Exklusionsmechanismen und individuellen Diskriminierungserfahrungen zu sehen sind. In Teil IV führen wir näher aus, warum dieses Diversitätsdefizit nicht nur aus gleichheitsrechtlichen Gründen problematisch ist, sondern auch negative Konsequenzen

---

3 Wissenschaftsrat, Perspektiven der Rechtswissenschaft in Deutschland, 2012, S. 41.

4 Vgl. *Pabst/Slupik*, Das Frauenbild im zivilrechtlichen Schulfall, KJ 1977, S. 242; *Schultz*, Konstruktion von Weiblichkeit in juristischen Lehrmaterialien, in: Frauen und Recht, Reader für die Aktionswochen der kommunalen Gleichstellungsbeauftragten, 2003, S. 113; *Schweigler*, Das Frauenbild in der bayerischen Justizausbildung, DRiZ 2014, S. 52; *Valentiner*, (Geschlechter)Rollenstereotype in juristischen Ausbildungsfällen – eine hamburgische Studie, 2017; ausführlich *Markard*, Geschlecht, Geschlechtsidentität und sexuelle Orientierung als Diskriminierungskategorien, in: Mangold/Payandeh (Hrsg.), Handbuch Antidiskriminierungsrecht, 2021, *im Erscheinen*.

für das Rechtssystem und für die Gesellschaft hat. Vor diesem Hintergrund sollten Diversitätsforderungen nicht vorschnell als „Identitätspolitik“ abgetan werden. Vielmehr geht es um den Abbau von Zugangshindernissen und Exklusionsmechanismen und damit um die Verwirklichung des Versprechens der gleichberechtigten Teilhabe an gesellschaftlichen und staatlichen Institutionen und Verfahren. In Teil V des Essays schlagen wir daher, anknüpfend an Erfahrungen im Zusammenhang mit der Gleichstellung der Geschlechter und der Inklusion von Menschen mit Behinderung, konkrete Maßnahmen vor, um strukturelle Ausschlussmechanismen abzubauen und die Diversität in Rechtswissenschaft und Rechtspraxis zu steigern.

Unser Beitrag ist allerdings weniger das Ergebnis abgeschlossener Forschung und Diskussion als vielmehr ein Zwischenstand, eine Darstellung und Bewertung der bislang vorliegenden Befunde und Empfehlungen. Wir verstehen ihn als Aufforderung zum Handeln für Rechtswissenschaft und Rechtspraxis und als Impuls für weitere Forschung, vor allem aber als Gesprächsangebot an alle in Rechtswissenschaft und Rechtspraxis Tätigen. Wir schließen daher mit einer Einladung sowohl zum gemeinsamen Handeln und Weiterforschen als auch zur Diskussion.

II. Wer fehlt eigentlich?

Während sich die Zusammensetzung staatlicher und gesellschaftlicher Institutionen im Hinblick auf die Verteilung zwischen Männern und Frauen regelmäßig relativ klar bestimmen lässt, wirft die Frage der Diversität im Hinblick auf Menschen, die tatsächlich oder potentiell von Rassismus betroffen sind, und Menschen, die dies nicht sind, gleich mehrere Probleme auf. Das beginnt bereits mit dem Bezugspunkt von Diversität. Vermeintlich eindeutige Kriterien wie die Staatsangehörigkeit oder der Migrationshintergrund erweisen sich bei näherer Betrachtung als wenig hilfreich. Wir schlagen daher für die Zwecke dieses Essays als Arbeitsbegriff die Kategorie *People of Color* vor, die allerdings in der qualitativen Forschung weiter ausdifferenziert werden sollte.

1. Schwierigkeiten bei der Begriffsbildung

Es bereitet schon begriffliche Schwierigkeiten, die Form von Diversität, die im Zentrum unseres Interesses steht, konkret zu benennen. Anders als etwa in den USA, in denen – aus unmittelbar einleuchtenden historischen Gründen – die Kategorie „*race*“ im Zentrum des Diversitätsdiskurses steht, gilt dies in Deutschland – aus ebenfalls unmittelbar einleuchtenden historischen Gründen – als hochproblematisch.

Auch jenseits historischer Begründungen ist dieses Unwohlsein durchaus berechtigt. Die Benennung einer von Exklusion betroffenen Gruppe stabilisiert immer auch die Exklusion selbst.[5] Die Beobachtung, dass zur Untersuchung und Feststellung von Ungleichheit gerade eine Differenzierung anhand jener Merkmale erforderlich ist, für die doch eine Differenzierung ausgeschlossen werden soll, wird

5 *Holzleithner*, Emanzipation durch Recht?, KJ 2008, S. 250 (252); so auch *Kischel*, Rasse, Rassismus und Grundgesetz, AöR 145 (2020), S. 227 (235 f. und 247 f.), freilich mit sehr unterschiedlichen Schlussfolgerungen aus diesem Befund.

als „Dilemma der Differenz“[6] bezeichnet. Eine Diskriminierung aufgrund der „Rasse“ etwa lässt sich nicht feststellen, wenn die betrachteten Fälle schon gar nicht nach dem Merkmal „Rasse“ unterschieden werden. Damit aber wird die zu überwindende Vorstellung, menschliche „Rassen“ existierten und unterschieden sich, gerade perpetuiert und die Differenz akzentuiert. Nicht zufällig sind in der Statistik die Begriffe „diskriminierende Variable“ und „statistische Diskriminierung“ als *termini technici* gebräuchlich.[7]

Das Dilemma erweist sich im Zusammenhang mit Rassismus und rassistischer Diskriminierung als besonders problematisch: So knüpfen rassistische Diskriminierungen und Ungleichbehandlungen aus ethnischen Gründen vielfach an die essentialistische Vorstellung an, Menschen ließen sich anhand biologischer Merkmale „objektiv“ in „Rassen“ mit verschiedenen und unterscheidbaren Eigenschaften einteilen und diese Einteilungen könnten Grundlage für soziale Differenzierungen sein. Neben dem offenkundigen Problem einer solchen Kategorisierung führt dies dazu, dass tatsächliche oder vermeintliche Merkmale der betroffenen Menschen in den Fokus genommen und die Betroffenen selbst zur Ursache für Exklusion und Ungleichheit werden. Gleichzeitig werden die Wahrnehmung von Unterschieden und ein „Denken in Kollektiven“ verfestigt, die „Markierung“ als „anders“ wird verstärkt.[8] Die gesellschaftliche Verantwortung für Inklusion sowie Anhaltspunkte für diesbezügliche Versäumnisse und

---

6 Begriffsprägend *Minow*, Making all the Difference, 1990, S. 20. Vgl. ferner *Holzleithner*, Emanzipation durch Recht?, KJ 2008, S. 250 (252); *Lembke/Liebscher*, Postkategoriales Antidiskriminierungsrecht? – Oder: Wie kommen Konzepte der Intersektionalität in die Rechtsdogmatik?, in: Philipp/Meier/Apostolovski/Starl/Schmidlechner (Hrsg.), Intersektionelle Benachteiligung und Diskriminierung, 2014, S. 261 ff.

7 Während „Diskriminierung“ allgemeinsprachlich einen moralischen Vorwurf der Intentionalität beinhaltet, beschreibt etwa der Begriff „diskriminierende Variable“ als *terminus technicus* in der empirischen Forschung lediglich nachweisbare Unterschiede ohne eine darüberhinausgehende Wertung, vgl. *Schauer*, Statistical (and non-statistical) discrimination, in: Lippert-Rasmussen (Hrsg.), Routledge Handbook of the Ethics of Discrimination, 2018, S. 42 (43); ferner *Towfigh*, Der Umgang mit Empirie beim Nachweis von Diskriminierung, in: Mangold/Payandeh (Hrsg.), Handbuch Antidiskriminierungsrecht, 2021, *im Erscheinen*.

8 Hierzu *Graycar*, Gender, race, bias and perspective: OR, how otherness colours your judgment, International Journal of the Legal Profession 15 (2008), S. 73, der betont, dass Vorurteile gegen die Unparteilichkeit aufgrund eines bestimmten

für strukturelle Diskriminierung geraten dabei leicht aus dem Blick, und Maßnahmen zielen tendenziell auf die „Anpassung" der „anderen" an den Mainstream.[9] Rechtliche Schutzkategorien wie „Rasse" oder „ethnische Herkunft", die sich gerade gegen eine essentialisierende Einteilung wenden, drohen sie gleichwohl normativ zu verfestigen.[10]

Es ist nun freilich das Wesen eines Dilemmas, dass es sich nicht vollständig auflösen lässt. Die Auflösung kann jedenfalls nicht darin bestehen, dass gruppenbezogene Benachteiligungen und Ausgrenzungen einfach überhaupt nicht zum Gegenstand wissenschaftlicher Analyse und politischer Diskussion gemacht werden. Soweit Anhaltspunkte dafür bestehen, dass Menschen eben nicht allein aufgrund ihrer persönlichen Eigenschaften und Handlungen wahrgenommen und behandelt werden, sondern dass die tatsächliche oder auch nur vermeintliche oder zugeschriebene Zugehörigkeit zu einer Gruppe Ursache für Diskriminierungen, Benachteiligungen und Ausgrenzungen sein kann, muss diese Gruppenzugehörigkeit begrifflich erfasst werden.

Unsere Ausgangshypothese lautet, dass rassistische Marginalisierungsstrukturen und Diskriminierungen für den Mangel an Diversität jedenfalls mitverantwortlich sind. Die potentielle Betroffenheit von rassistischer Diskriminierung wird damit zum zentralen Bezugspunkt für das Diversitätsdefizit, das wir in diesem Beitrag analysieren. Dabei legen wir ein weites Verständnis von Rassismus bzw. rassistischer Diskriminierung zugrunde: Rassismus erschöpft sich danach nicht in offen zutage tretenden Ressentiments oder gar Rechtsextremismus, in rassistischen Beleidigungen oder rassistisch motivierten Gewalttaten. Es geht vielmehr um jegliche Form der Ausgrenzung oder Benachteiligung, die auf Gründen der vermeintlichen

---

Hintergrunds immer nur „die anderen" treffen, nie die weiße, männliche Mehrheit.

9 *Pearce/Wald/Ballakrishnen*, Difference Blindness vs. Bias Awareness: Why Law Firms with the Best of Intentions Have Failed to Create Diverse Partnerships, Fordham Law Review 83 (2015), S. 2407 (2419).

10 Siehe *Baer/Markard*, in: v. Mangoldt/Klein/Starck, Grundgesetz, 7. Aufl. 2018, Art. 3 Abs. 2, 3 Rn. 440; kritisch *Angst*, in: Angst/Lantschner (Hrsg.), Internationales Übereinkommen zur Beseitigung jeder Form von Rassendiskriminierung, 2020, Kap. 1.1 Rn. 6 ff.

„Rasse“ oder ethnischen Zugehörigkeit beruht, gleich ob unmittelbar oder mittelbar, intendiert oder unbewusst, auf individuellen Entscheidungen beruhend oder durch strukturelle und institutionelle Faktoren begünstigt.

Soll in Deutschland über von Rassismus betroffene Menschen gesprochen werden, liegt der Fokus üblicherweise auf der Kategorie des Migrationshintergrunds, auf die sich auch ein Großteil des vorhandenen Datenmaterials bezieht.[11] Anfang 2021 stand diese Kategorie etwa auch im Zentrum der Debatte um eine Förderregel im öffentlichen Dienst des Landes Berlin.[12] Der Begriff knüpft an eine nicht-deutsche Herkunft oder familiäre Abstammung an,[13] wird aber im Übrigen uneinheitlich verwendet. Nach der Definition des Statistischen Bundesamts, die vielfach zugrunde gelegt wird, hat eine Person einen Migrationshintergrund, wenn sie selbst oder mindestens ein Elternteil die deutsche Staatsangehörigkeit nicht durch Geburt besitzt.[14] Teils wird innerhalb dieser Kategorie weiter differenziert zwischen „Migrant:innen“ (mit eigener Migrationserfahrung) und dem (durch die Eltern und Großeltern vermittelten) „Migrationshintergrund“.

Die Kategorie des Migrationshintergrunds erweist sich indes als gleichzeitig zu eng und zu weit: Nicht alle von Rassismus betroffenen Personen in Deutschland haben einen Migrationshintergrund, und nicht alle Personen mit Migrationshintergrund in Deutschland sind von Rassismus betroffen.[15] Bei knapp zwei Dritteln aller Perso-

---

11 Siehe *El-Mafaalani*, Diskriminierung von Menschen mit Migrationshintergrund, in: Scherr/El-Mafaalani/Yüksel (Hrsg.), Handbuch Diskriminierung, 2017, S. 465 ff.

12 Zum in diesem Zusammenhang diskutierten weiteren Begriff der „Migrationsgeschichte“ *Liebscher*, Möglichkeiten zur Verbesserung der Chancen für Menschen mit Migrationshintergrund/Migrationsgeschichte durch eine Novellierung des PartIntG Berlin v. 10.12.2019, S. 47–50.

13 *El-Mafaalani*, Diskriminierung von Menschen mit Migrationshintergrund, in: Scherr/El-Mafaalani/Yüksel (Hrsg.), Handbuch Diskriminierung, 2017, S. 465 (467).

14 Siehe Statistisches Bundesamt, Bevölkerung und Erwerbstätigkeit, Ergebnisse des Mikrozensus 2019, 2020, S. 4.

15 *Supik*, Statistik und Diskriminierung, in: Scherr/El-Mafaalani/Yüksel (Hrsg.), Handbuch Diskriminierung, 2017, S. 191 (197); *Will*, Migrationshintergrund im Mikrozensus. Wie werden Zuwanderer und ihre Nachkommen in der Statistik erfasst?, 2018, S. 12.

nen mit Migrationserfahrung oder -hintergrund stammen die Eltern bzw. Großeltern aus europäischen[16] und damit mehrheitlich weißen Ländern. Der Migrationshintergrund ist deshalb als Stellvertretermerkmal („*proxy*") für die Erhebung rassistischer Diskriminierungen methodisch[17] und soziologisch[18] problematisch und wird auch von internationalen und europäischen Institutionen als untauglich abgelehnt.[19] Dasselbe gilt für die nicht-deutsche Staatsangehörigkeit oder die nicht-deutsche Erstsprache.

Auch die individuell empfundene Rassismusbetroffenheit ist für die empirische Forschung nur beschränkt hilfreich. Denn es wäre zirkulär, gerade das, was nachgewiesen werden soll, zum Maßstab von Rassismus zu machen. Für die juristische Diskussion wirft dieser Begriff darüber hinaus das Problem auf, dass nicht jede subjektive Diskriminierungserfahrung auch rechtlich als Diskriminierung zu qualifizieren ist.[20]

2. *People of Color* als Arbeitsbegriff

Wir schlagen deshalb vor, „*People of Color*" als Arbeitsbegriff zu nutzen und Diversitätsfragen mit Blick auf diesen Begriff zu erörtern. Der Begriff stammt ursprünglich aus der US-amerikanischen Debatte um Fremd- und Selbstbezeichnungen von marginalisierten Minderheiten. Als Begriffsimport erfasst er Menschen (in der Regel mit Minderheits- oder Rassismuserfahrung), die nicht als weiß, deutsch oder westlich wahrgenommen werden und die sich zumindest teilweise auch selbst nicht so definieren. Insofern bezieht sich der Begriff

---

16 Statistisches Bundesamt, Pressemitteilung Nr. 279 v. 28.7.2020.

17 *Will*, Migrationshintergrund im Mikrozensus. Wie werden Zuwanderer und ihre Nachkommen in der Statistik erfasst?, 2018.

18 *Foroutan*, Postmigrantische Gesellschaften, in: Brinkmann/Sauer (Hrsg.), Einwanderungsgesellschaft Deutschland, 2016, S. 227.

19 Siehe hierzu *Supik*, Statistik und Diskriminierung, in: Scherr/El-Mafaalani/Yüksel (Hrsg.), Handbuch Diskriminierung, 2017, S. 191 (197).

20 Zu methodischen Problemen, aus einer Diskriminierungserfahrung auf eine rechtlich relevante Diskriminierung zu schließen, *Beigang/Fetz/Kalkum/Otto*, Diskriminierungserfahrungen in Deutschland, 2017, S. 20.

nicht allein und auch nicht vorrangig auf die Hautfarbe oder den Phänotyp.

Der Vorteil dieses Begriffs liegt darin, dass er die Gemeinsamkeiten von minoritären Perspektiven und Erfahrungen hervorhebt und dadurch ein breiteres Gespräch über Diskriminierung ermöglicht. Sein Problem ist, dass er die vielfältigen Formen von Diskriminierungen invisibilisieren kann, denen unterschiedliche Minderheiten ausgesetzt sind. Denn Rassismen unterscheiden sich in Zeit, Raum und auch Rechtsordnungen, sie haben historisch und geographisch verschiedene Traditionen und Wirkweisen.[21] Menschen mit dunkler Hautfarbe bzw. dunklem Phänotyp, Rom:nja und Sinti:zze, jüdische und muslimische Menschen sowie Menschen, die als „orientalisch" oder als asiatisch eingeordnet werden, haben je unterschiedliche Erfahrungen mit Rassismus.[22] In der US-amerikanischen Debatte wird dieser Vielfalt durch den inzwischen gebräuchlichen Begriff „BIPoC" (*Black, Indigenous, and People of Color*) Rechnung getragen.[23] Eine auf den deutschen Kontext zugeschnittene Differenzierung steht noch aus. Besonders kontrovers ist hierzulande zudem die Frage, ob und inwieweit Antisemitismus als eigenständige Kategorie verstanden oder als besondere Form von Rassismus eingeordnet werden sollte.[24]

Die Begriffsdiskussion ist noch im Fluss. Für die Zwecke dieses Essays haben wir uns entschieden, „*People of Color*" als Arbeitsbegriff zu nutzen, da dieser Begriff ermöglicht, die Gemeinsamkeiten der Perspektiven nicht-majoritärer Menschen im deutschen Kontext zu adressieren. In der weiteren Forschung wird es allerdings auch darum gehen müssen, die Unterschiede zwischen verschiedenen Personengruppen genauer herauszuarbeiten. Bisher differenziert die ohnehin rudimentäre Datenlage noch nicht ausreichend.[25] Die Frage,

---

21 *Barskanmaz*, Recht und Rassismus, 2019, S. 20.

22 *Barskanmaz*, Recht und Rassismus, 2019, S. 67 ff.

23 Zu spezifisch schwarzen Lebenswirklichkeiten in den USA *Sexton*, People-of-Color-Blindness: Notes on the Afterlife of Slavery, Social Text 2010, S. 31 (47 f.).

24 Dazu *Liebscher/Pietrzyk/Lagodinsky/Steinitz*, Antisemitismus im Spiegel des Rechts, NJOZ 2020, S. 897.

25 Ansätze hierfür gibt es bereits. So zeigt die lesenswerte Studie von *Ebert/Heublein*, Studienabbruch bei Studierenden mit Migrationshintergrund, 2017, dass je nach dem konkreten „Migrationshintergrund" teils recht unterschiedliche Faktoren für den Studienabbruch wirksam werden.

ob und wie die Zuordnung zur Gruppe der *People of Color* für einzelne Personen identitätsprägend ist oder ob sie positiv oder negativ konnotiert ist, ist dagegen für unsere Überlegungen unerheblich. Wir verwenden den Begriff allein in seiner analytischen Funktion, um bestehende Selbstzuordnungen und Fremdzuschreibungen und die tatsächliche oder potentielle Betroffenheit von rassistischer Diskriminierung und (struktureller) Ausgrenzung empirisch zu erfassen.

3. Intersektionalität: Sich überschneidende und gegenseitig verstärkende Ungleichheiten

Wenn wir in diesem Beitrag über *People of Color* sprechen, müssen wir zudem von vornherein die intersektionale Dimension von Diskriminierungen berücksichtigen und, soweit möglich, in den Blick nehmen. Das Konzept der Intersektionalität bezeichnet den Umstand, dass „kein Mensch ‚nur' Frau oder Mann, Atheistin oder Moslem, Vertriebene oder von adliger Abstammung, behindert oder nichtbehindert usw. [ist]; […] Menschen sind individuell nicht nur in einer Schublade unterzubringen, sondern immer mehrfach sozial situiert."[26] Diese Mehrfachpositionierungen können bewirken, dass unterschiedliche diskriminierungsrelevante Zuschreibungen oder Eigenschaften additiv zusammentreffen; oft wirken sie freilich spezifisch zusammen.[27] Das darf nicht dazu führen, unterschiedliche Kategorien zu hierarchisieren oder gegeneinander auszuspielen. Vielmehr muss das Zusammenwirken von Diskriminierungsachsen an ihren

---

26 *Baer/Markard*, in: v. Mangoldt/Klein/Starck, Grundgesetz, 7. Aufl. 2018, Art. 3 Rn. 442.

27 Zum Begriff *Markard*, Die andere Frage stellen: Intersektionalität als Analysekategorie im Recht, KJ 2009, S. 353; *Mangold*, Mehrdimensionale Diskriminierung – Potentiale eines materialen Gleichheitsverständnisses, Rechtsphilosophie 2016, S. 152; *Holzleithner*, Intersektionale (mehrdimensionale) Diskriminierung, in: Mangold/Payandeh (Hrsg.), Handbuch Antidiskriminierungsrecht, 2021, *im Erscheinen*; zur Dogmatik *Weinberg*, Ansätze zur Dogmatik der intersektionalen Benachteiligung, EuZA 2020, S. 60; grundlegend *Crenshaw*, Demarginalizing the Intersection of Race and Sex: A Black Feminist Critique of Antidiscrimination Doctrine, Feminist Theory and Antiracist Politics, University of Chicago Legal Forum 1989, S. 139.

„Kreuzungen" (*intersections*[28]) sichtbar gemacht werden. In diesem Sinne verstehen wir Diversität als umfassendes Konzept, das nicht nur die Gesellschaft in ihrer Vielfältigkeit, sondern auch Gruppen innerhalb von Gruppen und schließlich jeden einzelnen Menschen in seinem individuellen Facettenreichtum in den Blick nimmt.

So können Diskriminierungen aufgrund des Geschlechts und der Religion und antimuslimischer Rassismus sich gegenseitig verstärken, wie etwa im Fall von Frauen, die ein Kopftuch tragen. Doch nicht nur die klassischen Diskriminierungskategorien, die sich im Grundgesetz ebenso wie im Unionsrecht und in menschenrechtlichen Verträgen finden, sind hier relevant. Rassistische Diskriminierung korreliert auch häufig mit bestimmten sozio-ökonomischen Faktoren, die ihrerseits wieder rassistisch geprägte Strukturen verstärken können. So betont die PISA-Studie von 2018, dass von den 22 % der Schüler:innen mit Migrationshintergrund knapp 50 % als sozioökonomisch benachteiligt gelten.[29] Für ein Elitenstudium wie Jura kann dieser Zusammenhang besondere Relevanz entfalten.

Um solche Effekte erkennen und adressieren zu können, müssen Diskriminierungskategorien in ihren Verschränkungen und Wechselbezüglichkeiten erfasst werden. Die intersektional fundierte Verwendung des Begriffs *People of Color* eröffnet dementsprechend unterschiedliche Möglichkeiten, das soziale Phänomen zu operationalisieren, um Diskriminierungs- und Exklusionsmechanismen zu analysieren.

---

28 Die begriffsprägende Kreuzungsmetapher stammt von *Crenshaw*, Demarginalizing the Intersection of Race and Sex: A Black Feminist Critique of Antidiscrimination Doctrine, Feminist Theory and Antiracist Politics, University of Chicago Legal Forum 1989, S. 139.

29 OECD, Programme for International Student Assessment (PISA), Ländernotiz Deutschland, 2018; siehe auch Human Rights Council, Report of the Special Rapporteur on the right to education v. 9.3.2007, UN Doc. A/HRC/4/29/Add.3, Rn. 63 ff.

III. Gibt es überhaupt ein Diversitätsdefizit?

Die begrifflichen Unschärfen der gebräuchlichen Näherungs-, Stellvertreter- und Ersatzbegriffe sind ein wichtiger Grund dafür, dass die Datenlage noch fragmentarisch ist. Gleichwohl lassen die verfügbaren Erhebungen den Schluss zu, dass es ein Diversitätsdefizit in Rechtswissenschaft und Rechtspraxis gibt (1). Die Unzulänglichkeiten des vorhandenen Datenmaterials sind auch ein Hindernis für die Analyse der Ursachen des Diversitätsdefizits. Unseres Erachtens ist es dennoch zumindest plausibel, dass strukturelle ebenso wie individuell wirkende Exklusionsmechanismen für dieses Defizit mitverantwortlich sind (2.).

1. Was wir (nicht) wissen

a) Fragmentarische Datengrundlage

Empirische Forschung zum Diversitätsdefizit in der deutschen Rechtswissenschaft und -praxis ist nicht einfach zu finden.[30] Im Unterschied zu anderen Rechtsordnungen[31] gibt es für Deutschland bislang kaum passgenaue (Roh-)Daten und nur wenige Analysen.

Ein Grund hierfür ist die in Deutschland verbreitete Einschätzung, dass die Erhebung und Sammlung von Daten, die an Kategorien

30 Siehe zur defizitären Datengrundlage auch *Stix*, Rassismuskritik in der Rechtswissenschaft, in: Bretthauer/Henrich/Völzmann/Wolckenhaar/Zimmermann (Hrsg.), Wandlungen im Öffentlichen Recht: Festschrift zu 60 Jahren Assistententagung – Junge Tagung Öffentliches Recht, 2020, S. 218 (230 ff.); *Franke/Schlenzka*, Diskriminierung aufgrund der ethnischen Herkunft und rassistische Diskriminierung im Spiegel von Daten und Rechtsprechung, ZAR 2019, S. 179; *Supik*, Statistik und Diskriminierung, in: Scherr/El-Mafaalani/Yüksel (Hrsg.), Handbuch Diskriminierung, 2017, S. 191 (193).

31 Siehe etwa *Deo*, Unequal Profession: Race and Gender in Legal Academia, 2019; *Abel/Hammerslev/Schultz/Sommerlad*, Lawyers in 21st-Century Societies, Vol. 1: National Reports, 2020; *Groenendijk/Hahn*, Met recht geslaagd. Nederlandse juristen van Marokkaanse en Turkse afkomst, 2006; *Solanke*, Black Female Professors in the UK, 2017; House of Lords, Judicial Appointments, 2012, Rn. 68 ff.

wie „Rasse“[32] oder „ethnische Herkunft“[33] anknüpfen, ethisch fragwürdig sei. Nicht zuletzt vor dem Hintergrund der spezifischen Erfahrung des nationalsozialistischen Terrors stoßen wir an Grenzen der Zählbarkeit und Kategorialität.[34] Die gängige Praxis im US-Bundesstaat Virginia etwa, bei der Ausstellung eines Bußgeldbescheids wegen zu schnellen Fahrens (ungefragt) die „Rasse“ des Delinquenten einzutragen,[35] ist mit Blick auf die rassistische Kategorisierungs-, Verfolgungs- und Vernichtungspolitik des Nationalsozialismus in Deutschland undenkbar. Dementsprechend argumentiert die Bundesregierung etwa in ihren Berichten an den UN-Ausschuss zur Beseitigung rassistischer Diskriminierung (*Committee on the Elimination of Racial Discrimination, CERD*), es würden „in Deutschland seit dem Ende des Zweiten Weltkrieges keine umfassenden bevölkerungsstatistischen und sozioökonomischen Daten auf ethnischer Basis erhoben. Dies ist u.a. in den historischen Erfahrungen in Deutschland begründet, insbesondere im Zusammenhang mit der Verfolgung von Minderheiten in den Zeiten des Nationalsozialismus.“[36] Das bedeutet in der Praxis allerdings nicht, dass solche Daten überhaupt

---

32 Zur Debatte um die Ersetzung des Begriffs „Rasse“ in Art. 3 Abs. 3 GG, *Cremer*, „... und welcher Rasse gehören Sie an?“ – Zur Problematik des Begriffs Rasse in der Gesetzgebung, 2. Aufl. 2009; *Barskanmaz*, Rasse – Unwort des Antidiskriminierungsrechts?, KJ 2011, S. 382; *ders./Samour*, Das Diskriminierungsverbot aufgrund der Rasse, Verfassungsblog v. 16.6.2020; *Kaneza*, Black Lives Matter: Warum Rasse nicht aus dem Grundgesetz gestrichen werden darf, RuP 56 (2020), S. 536; *Kutting/Amin*, Mit „Rasse“ gegen Rassismus? – Zur Notwendigkeit einer Verfassungsänderung, DÖV 2020, S. 612; ausführlich *Liebscher*, Rasse im Recht – Recht gegen Rassismus, 2021, S. 449 ff.

33 Zur Diskussion *Soll*, Ethnische Bedenken, Verfassungsblog v. 30.9.2020.

34 Instruktiv *Supik*, Statistik und Diskriminierung, in: Scherr/El-Mafaalani/Yüksel (Hrsg.), Handbuch Diskriminierung, 2017, S. 191 ff., passim.

35 Diese Praxis hat *Emanuel V. Towfigh* ein amtliches Dokument eingetragen, das ihn als „American Indian“ (also als einer autochthonen Ethnie zugehörig) kategorisiert – und damit die Statistik der amerikanischen Verkehrssünder:innen unter dem Merkmal „race“ verzerrt.

36 Vgl. 23.–26. Bericht der Bundesrepublik Deutschland nach Artikel 9 des Internationalen Übereinkommens zur Beseitigung jeder Form von Rassendiskriminierung (ICERD), Juni 2020, Rn. 42; siehe auch bereits den 19.–22. Bericht der Bundesrepublik Deutschland nach Artikel 9 des Internationalen Übereinkommens zur Beseitigung jeder Form von Rassendiskriminierung (ICERD), Januar 2013, Rn. 30; vgl. auch ausführlich *Supik*, Statistik und Diskriminierung, in: Scherr/El-Mafaalani/Yüksel (Hrsg.), Handbuch Diskriminierung, 2017, S. 191 ff., passim.

nicht erhoben würden. Die Abfrage der Muttersprache in Schulen, die Zuordnung von Straftaten zur sogenannten „Clankriminalität“[37] oder die Praxis des *racial profiling* sind im Ergebnis (mittelbare) Erhebungen der ethnischen Herkunft, mit dem Unterschied, dass diese Datenerhebung intransparent und gerade nicht systematisch erfolgt. Weitere Beispiele sind die Abfrage von Geburtsorten durch die Polizei in Stuttgart oder die rechtswidrige Erhebung von Daten der Sinti und Roma durch die Polizei in Berlin.[38]

Argumentiert man aus den genannten historischen Gründen trotzdem gegen eine Datenerhebung, gelangt allerdings nur die eine Seite des Dilemmas der Differenz in den Blick. Die wichtigste Funktion von Diskriminierungskategorien ist demgegenüber gerade, Mechanismen zu etablieren, um die sozial stattfindenden Kategorisierungs- und Hierarchisierungsprozesse im Recht adressieren zu können. Dazu sind der empirische Nachweis von Diskriminierung und die Identifikation tatsächlich bestehender exkludierender Mechanismen unerlässlich.

Der UN-Antirassismus-Ausschuss hat vor diesem Hintergrund wiederholt die Bedeutung verlässlicher Statistiken zur Zusammensetzung der Bevölkerung betont, um rassistische Diskriminierung[39] erkennen und gegen sie vorgehen zu können. Problematisch sei insbesondere der Begriff „Personen mit Migrationshintergrund“, weil dieser viele Deutsche ein- und Minderheiten ausschließen könne. In seinen Abschließenden Bemerkungen zum vorletzten Staatenbericht der Bundesrepublik empfahl der Ausschuss 2015 daher, umfassendere Statistiken anzulegen, insbesondere „information on mother tongues, languages commonly spoken or other indicators of ethnic

---

37 Dazu etwa *Liebscher*, Clans statt Rassen – Modernisierungen des Rassismus als Herausforderungen für das Recht, KJ 2020, S. 529; *Nöding*, Der Kampf gegen die „Clankriminalität“ aus Sicht eines Strafverteidigers: Verrät der Rechtsstaat seine Prinzipien?, KJ 2021, S. 232, *im Erscheinen*.

38 Dazu *v. Bullion/v. Hardenberg/Henzler*, Die heikle Frage nach dem Woher, SZ v. 13.7.2020; *Mayer*, Berliner Polizei erhob rechtswidrig Daten von Sinti und Roma, SZ v. 17.1.2021.

39 Das Übereinkommen zur Beseitigung jeder Form rassistischer Diskriminierung (ICERD) und der Ausschuss verwenden den Begriff *„racial discrimination“* (rassische Diskriminierung) und nicht *„racist discrimination“* (rassistische Diskriminierung); vgl. *Angst*, in: Angst/Lantschner (Hrsg.), Internationales Übereinkommen zur Beseitigung jeder Form von Rassendiskriminierung, 2020, Kap. 1.1 Rn. 15 ff.

diversity, together with any information about descent or national or ethnic origin derived from social surveys."[40]

Wir müssen also Daten erheben, um zu einem besseren empirischen Verständnis von Diskriminierung zu gelangen, und wir müssen das sensibel tun.[41] Ein Petitum der modernen Erforschung von Rassismusbetroffenheit ist vor diesem Hintergrund die Maßgeblichkeit einer freiwilligen und anonymen Selbst-Identifikation.[42] Wir werden auf die Bedingungen sensibler Datenerhebung im Rahmen der von uns vorgeschlagenen Maßnahmen (in Teil V) zurückkommen.

b) Empirische Befunde zu Diskriminierungserfahrungen

Die vorhandenen Daten deuten zunächst darauf hin, dass für *People of Color* Diskriminierungserfahrungen in unterschiedlichen Kontexten zum Alltag gehören.

Eine Studie der Antidiskriminierungsstelle des Bundes zu eigenen oder beobachteten Diskriminierungserfahrungen zeigt für den Zeitraum von 2013 bis 2015, dass Diskriminierungserfahrungen[43] mit Bezug auf „Rasse" und ethnische Herkunft – unter Berücksichtigung von Religion als intersektionaler Komponente[44] – insbesondere im

---

40 CERD, Concluding Observations on the combined nineteenth to twenty-second periodic reports of Germany, 30.06.2015, UN Doc. CERD/C/DEU/CO/19–22, Rn. 6.

41 Zur Methode *Supik*, Statistik und Diskriminierung, in: Scherr/El-Mafaalani/Yüksel (Hrsg.), Handbuch Diskriminierung, 2017, S. 191 ff.

42 *Chopin/Farkas/Germaine*, Ethnic origin and disability data collection in Europe: Measuring inequality – combating discrimination, 2014, S. 64 ff.; *Baumann/Egenberger/Supik*, Erhebung von Antidiskriminierungsdaten in repräsentativen Wiederholungsbefragungen, 2018, S. 104 ff.; *Farkas*, Data collection in the field of ethnicity, 2017, S. 36 ff.; *Simon*, The measurement of racial discrimination: the policy use of statistics, International Social Science Journal 57 (2005), S. 7 (20 f.); *Simon*, Collecting ethnic statistics in Europe: a review, Ethnic and Racial Studies 35 (2012), S. 1366 (1381 f.); *Ahyoud/Aikins/Bartsch/Bechert/Gyamerah/Wagner*, Wer nicht gezählt wird, zählt nicht, Diversity in Leadership, 2018, S. 38.

43 *Beigang/Fetz/Kalkum/Otto*, Diskriminierungserfahrungen in Deutschland, 2017, S. 20 weisen darauf hin, dass diese nicht mit rechtlich verbotenen Diskriminierungen gleichgesetzt werden dürfen.

44 *Beigang/Fetz/Kalkum/Otto*, Diskriminierungserfahrungen in Deutschland, 2017, S. 165.

Arbeitsleben gemacht werden.[45] Insgesamt gab rund „ein Viertel der Personen mit Migrationshintergrund an, in den vergangenen 24 Monaten aus rassistischen Gründen oder aufgrund ihrer (ethnischen) Herkunft benachteiligt worden zu sein. Unter Personen ohne Migrationshintergrund waren es rund 3,8 Prozent."[46]

Differenzierte Daten zu den spezifischen Erfahrungen unterschiedlicher Gruppen gibt es nur ausschnittweise. Eine regelmäßige Befragung von Menschen mit einem türkischen Migrationshintergrund ergibt anhaltend hohe Werte für Diskriminierungserfahrungen: 2017 berichteten 41,3 % der Befragten von Diskriminierung am Arbeitsplatz, in der Schule oder Universität, 30,7 % bei der Arbeitssuche und 26,6 % bei Behörden.[47] 96,2 % nennen die Verbesserung von Bildungschancen als sehr oder eher wichtiges politisches Problem.[48] Zu den Erfahrungen von Menschen afrikanischer Herkunft in Deutschland werden noch 2021 aussagekräftigere Daten erwartet: Der Afrozensus erfasst ihre Diskriminierungserfahrungen, ihre Einschätzung des Lebens in Deutschland und ihre Erwartungen an Politik und Gesellschaft.[49]

Zur Prävalenz von Rassismus in Deutschland werden weitere Studien vorbereitet: Ein Rassismus-Monitor soll als wiederkehrende repräsentative Bevölkerungsbefragung erheben, wie verbreitet rassistische Vorurteile und Ressentiments in der Bevölkerung sind und welche Ursachen das hat.[50] Der im März 2020 eingesetzte Kabinettausschuss der Bundesregierung zur Bekämpfung von Rechtsextremismus und Rassismus hat weitere Maßnahmen beschlossen, darunter eine Forschungsstudie zu Alltagsrassismus in der Zivilgesellschaft, in

45 *Beigang/Fetz/Kalkum/Otto*, Diskriminierungserfahrungen in Deutschland, 2017, S. 121 f.: 13,6 % „häufig", 19 % „gelegentlich", 16,2 % „selten".

46 *Beigang/Fetz/Kalkum/Otto*, Diskriminierungserfahrungen in Deutschland, 2017, S. 101: 23,2 %.

47 *Sauer*, Identifikation und politische Partizipation türkeistämmiger Zugewanderter in Nordrhein-Westfalen und in Deutschland, 2018, S. 129.

48 *Sauer*, Identifikation und politische Partizipation türkeistämmiger Zugewanderter in Nordrhein-Westfalen und in Deutschland, 2018, S. 132.

49 Siehe https://www.eoto-archiv.de/neuigkeiten/afrozensus-faq.

50 Siehe https://www.dezim-institut.de/fileadmin/PDF-Download/200703_PM_Rassismus-Monitor.pdf.

Wirtschaft und Unternehmen sowie öffentlichen Institutionen.[51] Die von einem breiten Bündnis zivilgesellschaftlicher Akteure geforderte Studie zu *racial profiling* in der Polizei wird es dagegen nicht geben. Stattdessen sollen Motivation, Einstellung und Gewalt im Alltag von Polizeivollzugsbeamten (MEGAVO) untersucht werden.[52]

Einige übergreifende Untersuchungen zu Diskriminierungserfahrungen in den Lebensbereichen Arbeit und Bildung, die für diesen Essay besonders relevant sind, gibt es ebenfalls. Das Forschungsprojekt „Soziale Integration ohne Eliten?“ untersucht Ausmaß, Wahrnehmung und Folgen personeller Unterrepräsentation in den Eliten. Erste Ergebnisse bestätigen die geringe Repräsentation von Menschen mit Migrationshintergrund in Elite-Positionen: Obwohl ihr Anteil in den entsprechenden Alterskohorten, die typischerweise Führungspositionen bekleiden, etwa 20 % beträgt (23,4 % bei den 45–55jährigen und 17,3 % bei den 55–65jährigen),[53] haben sie nur 9,2 % der Führungspositionen inne.[54]

Datenerhebungen gibt es auch für den Bereich Ausbildung und Studium: Nach der bereits zitierten Studie der Antidiskriminierungsstelle gaben 12 % der Befragten an, im Bildungsbereich „häufig“ oder „gelegentlich“ diskriminiert worden zu sein, weitere 11,7 % erlebten dies „selten“.[55] Dabei werden vor allem rassistische, ethnische und religiöse, aber auch sozio-ökonomische Diskriminierungen genannt.[56] Einzelne Hochschulen haben Befragungen zu Diskriminierungserfahrungen durchgeführt:[57] An der Universität Duisburg-Essen gaben

---

51 Kabinettausschuss zur Bekämpfung von Rechtsextremismus und Rassismus, Maßnahmenkatalog v. 25.11.2020, Nr. 15; siehe auch Kabinettausschuss zur Bekämpfung von Rechtsextremismus und Rassismus, Abschlussbericht v. 12.5.2021, S. 31 ff.

52 Mit der Studie beauftragt ist die Deutsche Hochschule der Polizei in Münster.

53 Statistisches Bundesamt, Bevölkerung und Erwerbstätigkeit, Ergebnisse des Mikrozensus 2019, 2020, S. 36 (eigene Berechnung).

54 *Vogel/Zajak*, Teilhabe ohne Teilnahme? Wie Ostdeutsche und Menschen mit Migrationshintergrund in der bundesdeutschen Elite vertreten sind, DeZIM Research Notes 4/20 v. 7.10.2020, S. 4.

55 *Beigang/Fetz/Kalkum/Otto*, Diskriminierungserfahrungen in Deutschland, 2017, S. 121.

56 *Beigang/Fetz/Kalkum/Otto*, Diskriminierungserfahrungen in Deutschland, 2017, S. 142.

57 Antidiskriminierungsstelle des Bundes, Bausteine für einen systematischen Diskriminierungsschutz an Hochschulen, 2020, S. 9.

2012 3 % der Studierenden an, sich schon einmal aufgrund ihrer nationalen Herkunft diskriminiert gefühlt zu haben; 11 % hatten dies bei anderen beobachtet. An der Christian-Albrechts-Universität zu Kiel gaben im selben Jahr 9,2 % der Studierenden an, selbst einmal (bzw. 5,3 % mehrmals) eine Diskriminierung aufgrund eines AGG-Merkmals erlebt bzw. (13,6 % einmal und 14 % mehrmals) beobachtet zu haben. An der Humboldt-Universität zu Berlin gaben 5,8 % der Befragten an, im universitären Kontext aufgrund ihrer ethnischen Herkunft diskriminiert worden zu sein.[58]

c) Daten zur Diversität in Rechtswissenschaft und Rechtspraxis

Auch zur Diversität in Rechtswissenschaft und Rechtspraxis lassen sich einige Aussagen treffen, wenngleich die meisten Erhebungen und Studien an das problematische Kriterium des Migrationshintergrunds anknüpfen. Statistisch werden in Deutschland etwa Merkmale wie Migrationshintergrund, Geburtsort, Staatsangehörigkeit oder Erstsprache, bisweilen auch Religion oder Namensherkunft (mit Hilfe der Onomastik) erfasst.

(1) Studierende

Für den universitären Bereich gibt es mehrere Studien zum Anteil von Studierenden mit Migrationshintergrund. Sie zeigen, dass Nichtdeutsche mit einer in Deutschland erworbenen Hochschulzugangsberechtigung (Bildungsinländer:innen) und Personen mit Migrationshintergrund mit einem Anteil zwischen 18 und 23 % an den Hochschulen[59] deutlich unterrepräsentiert sind.[60] Das wird nicht auf eine geringere Studienbereitschaft zurückgeführt, sondern als Konsequenz der in den vorangegangenen Bildungsstufen wirkenden Selektionsprozesse angesehen.[61]

---

58 *Heitmann/Kurbjuhn*, Diversity-Policy an Hochschulen am Beispiel der Humboldt-Universität zu Berlin, Gemeinsam Leben 2020, S. 233 (239 f.).

59 *Ebert/Heublein*, Studienabbruch bei Studierenden mit Migrationshintergrund, 2017, S. 7.

60 *Siegert*, Berufliche und akademische Ausbildung von Migranten in Deutschland, 2009, S. 7.

61 *Siegert*, Berufliche und akademische Ausbildung von Migranten in Deutschland, 2009, S. 49 f.

In Deutschland korreliert die Zugehörigkeit zur Gruppe der Studierenden mit Migrationshintergrund mit einer niedrigen ökonomischem Schichtzugehörigkeit.[62] Gleichzeitig sinkt mit niedriger Schichtzugehörigkeit die Wahrscheinlichkeit erheblich, die Schulzeit mit dem Abitur abzuschließen: Von den Kindern, deren Eltern höchstens einen Hauptschulabschluss haben, erwarben 2008 etwa 16 % die allgemeine Hochschulreife; dem standen 60 % der Kinder von Eltern mit Abitur gegenüber.[63] Während im Jahr 2015 80 % der Akademikerkinder mit Hochschulzugangsberechtigung ein Studium aufnahmen, galt dies nur für 67 % der Hochschulzugangsberechtigten aus bildungsfernen Schichten – aber immerhin für 78 % der Hochschulzugangsberechtigten mit Migrationshintergrund.[64]

Weil *People of Color* oftmals einen schwächeren sozio-ökonomischen Status haben, verschärft die Intersektionalität die beobachteten Exklusionseffekte. Methodisch ließen sich diese Interaktionseffekte zwar in empirischen Befunden isolieren, das Problem ist aber, dass sowohl das Merkmal *Person of Color* als auch der sozio-ökonomische Status bzw. die ökonomische Schichtzugehörigkeit häufig überhaupt nicht, nicht zuverlässig oder allenfalls über Stellvertreterkriterien erfasst werden.

Interessant ist auch, dass sich ein Viertel der Studierenden mit Migrationshintergrund für ein rechts- oder wirtschaftswissenschaftliches Fach entscheidet, während dies nur ein Fünftel der Studierenden ohne Migrationshintergrund tut,[65] und dass Studierende mit Migrationshintergrund in den Fachbereichen Jura, Medizin und Wirtschaftswissenschaften im Schnitt schlechtere Prüfungsergebnisse erzielen.[66] Generell sind die Studienabbruchsgründe bei Studierenden mit Mi-

---

62 Sachverständigenrat deutscher Stiftungen für Integration und Migration, Allein durch den Hochschuldschungel, 2017, S. 6.

63 *Schindler*, Aufstiegsangst?, 2012, S. 15.

64 Stifterverband, Hochschul-Bildungs-Report 2020 – Jahresbericht 2019, S. 52; wie sich dies auf verschiedene ethnische Gruppen verteilt, ob es also eine Überrepräsentation bestimmter ethnischer Gruppen gibt, ist nicht erforscht.

65 Sachverständigenrat deutscher Stiftungen für Integration und Migration, Allein durch den Hochschuldschungel, 2017, S. 10.

66 Sachverständigenrat deutscher Stiftungen für Integration und Migration, Allein durch den Hochschuldschungel, 2017, S. 15, m.w.N.

grationshintergrund signifikant häufiger leistungsbedingt, aber auch häufiger finanzieller oder familiärer Natur.[67]

Im Fächervergleich ist die Rechtswissenschaft besonders sozialexklusiv. Die akademische Reproduktionsquote (sog. „Bildungsvererbung") ist hoch.[68] Der durch das Elternhaus vermittelte intellektuelle und habituelle Zugang zum Fach erleichtert den Erfolg im Jurastudium.[69] Das hat auch Auswirkungen auf die für das Jurastudium zentrale Hochsprachenkompetenz, insbesondere im schriftlichen Ausdruck. Andersherum belegen die PISA-Studien, dass in Deutschland der Zusammenhang zwischen sozialer Herkunft und Lesekompetenz im internationalen Vergleich besonders ausgeprägt ist, wobei Jugendliche mit Migrationshintergrund 2009 und 2018 schlechtere Werte als jene ohne Migrationshintergrund erzielten.[70] Hierbei wird die im elterlichen Haushalt gesprochene Sprache für signifikant gehalten.[71] Allerdings deuten neuere Studien darauf hin, dass solche Signifikanzen bei einer bilingualen Sprachförderung verschwinden.[72] Auch für den Studienabbruch scheint die Haushaltssprache nicht relevant zu sein.[73] Soweit jedoch spezifische Probleme mit der Sprachkompetenz bestehen,[74] dürfte sich dies im auf präzise Fach- und Hochsprache konzentrierten Jurastudium besonders bemerkbar machen.

---

67 Differenziert *Ebert/Heublein,* Studienabbruch bei Studierenden mit Migrationshintergrund, 2017.

68 *Böning/Schultz,* Juristische Sozialisation, in: Boulanger/Rosenstock/Singelnstein (Hrsg.), Interdisziplinäre Rechtsforschung, 2019, S. 193 (199) m.w.N.; *Böning,* Zur sozialen Situation der Assistent*innen im Öffentlichen Recht – Explorative Erkenntnisse aus einer Online-Erhebung, in: Bretthauer/Henrich/Völzmann/Wolckenhaar/Zimmermann (Hrsg.), Wandlungen im Öffentlichen Recht: Festschrift zu 60 Jahren Assistententagung – Junge Tagung Öffentliches Recht, 2020, S. 253 (255).

69 *Böning/Schultz,* Juristische Sozialisation, in: Boulanger/Rosenstock/Singelnstein (Hrsg.), Interdisziplinäre Rechtsforschung, 2019, S. 193 (199).

70 Klieme/Köller/Reiss/Weis (Hrsg.), PISA 2018: Grundbildung im internationalen Vergleich, 2019, S. 129 ff.

71 Klieme/Köller/Reiss/Weis (Hrsg.), PISA 2018: Grundbildung im internationalen Vergleich, 2019, S. 129 ff.

72 Zu den Potentialen bilingualer Sprachförderung: Bericht des Berliner Interdisziplinären Verbunds für Mehrsprachigkeit (BIVEM), Oktober 2011 – Juni 2014.

73 *Ebert/Heublein,* Studienabbruch bei Studierenden mit Migrationshintergrund, 2017, S. 25 ff.

74 Allgemein zur Selbsteinschätzung der eigenen sprachlichen Fähigkeiten von Studierenden mit und Studierenden ohne Migrationshintergrund, die ein Studium

Für Personen, die trotz dieser Zugangsbarrieren die allgemeine Hochschulreife erlangen und das Jurastudium wählen, wirken sich dieselben Faktoren auch *im* Studium aus.[75] Viele „Arbeiterkinder" berichten von Fremdheitseffekten[76] im Studium und von großer Unsicherheit dabei, sich angemessen zu verhalten und auszudrücken. Auch hier dürfte die Intersektionalität mit dem Merkmal *Person of Color* additiv zu einem „doppelten Fremdheitseffekt" führen. Das sozialexklusive juristische Studium, in dem viele Studierende über das kulturelle Kapital der Mittel- und Oberschicht verfügen, wodurch eine entsprechende Normalität vermittelt wird, ist für die Erzeugung solcher Fremdheitseffekte besonders anfällig. Gleichzeitig ist das Jurastudium für viele Studierende eine Überforderungserfahrung. 42 % der Studierenden zweifeln an ihrer eigenen Studierfähigkeit.[77] Für Studierende aus bildungsfernen Schichten und/oder mit Migrationshintergrund, die häufig berichten, mit dem *impostor syndrome* (Hochstaplersyndrom) zu kämpfen,[78] dürfte sich dieser Effekt verstärken und einen Studienabbruch wahrscheinlicher machen.[79]

(2) Richterschaft

In der Rechtssoziologie hat sich die „Justizforschung" zwischen den 1960er und 1980er Jahren intensiv mit der sozialen Herkunft der

---

entweder abgebrochen oder erfolgreich beendet haben, *Ebert/Heublein*, Studienabbruch bei Studierenden mit Migrationshintergrund, 2017, S. 43. Hier korreliert die positive Selbsteinschätzung auch positiv mit Deutsch als Haushaltssprache, S. 44 f.

75 Vgl. *Müller/Pollak*, Weshalb gibt es so wenige Arbeiterkinder in Deutschlands Universitäten?, in: Becker/Lauterbach (Hrsg.), Bildung als Privileg, 5. Aufl. 2016, S. 345 ff. (zu den Einflüssen der sozialen Herkunft in der Universität).

76 Zum Fremdheitseffekt *Hummrich/Kramer*, Schulische Sozialisation, 2017, S. 149 ff.

77 *Böning/Schultz*, Juristische Sozialisation, in: Boulanger/Rosenstock/Singelnstein (Hrsg.), Interdisziplinäre Rechtsforschung, 2019, S. 199.

78 Vgl. *Güngör*, Warten auf den Moment, in dem es auffliegt, Zeit-Online v. 16.7.2018. Das Hochstaplersyndrom ist freilich auch unter Personen bekannt, die nicht aus bildungsfernen oder rassismusgefährdeten Familien stammen.

79 Zur Schwundquote unter Studierenden mit und ohne Migrationshintergrund kann die Studie von *Ebert/Heublein*, Studienabbruch bei Studierenden mit Migrationshintergrund, 2017, S. 163 ff. kaum Aussagen machen; soweit die Fakultäten und Fachbereiche überhaupt Einschätzungen abgaben, divergierten diese stark. Leider sind sie auch nicht nach Fächern aufgeschlüsselt.

Richter (und noch relativ wenigen Richterinnen) befasst.[80] Ein Ergebnis dieser – methodisch teilweise problematischen[81] – Ansätze war, dass sich die Richterschaft ganz wesentlich aus der oberen Mittelschicht rekrutierte.[82]

Jüngere belastbare Daten über die soziale Herkunft der Richter:innen fehlen demgegenüber. Daten darüber, welchen Anteil *People of Color* an der Richterschaft ausmachen, existieren ebenfalls nicht. Auch über die Migrationsgeschichte von Richter:innen werden keine systematischen Daten erhoben.[83]

(3) Wissenschaft

Zur sozialen Homogenität des wissenschaftlichen Personals an den Universitäten gibt es hingegen Daten: Nimmt man den formalen Bildungsabschluss der Eltern als Maßstab für den sozialen Status, stammen 79 % der Juraprofessor:innen aus höheren sozialen Schichten, während lediglich 21 % statusniedrigeren Herkunftsgruppen entstammen.[84] Die Rechtswissenschaft ist dabei die Fächergruppe mit der größten sozialen Geschlossenheit.[85]

Bei einer Erhebung unter Wissenschaftler:innen im öffentlichen Recht, die noch keine Professur innehaben, stammten 69 % der Wissenschaftler:innen aus einem akademischen Elternhaus. Eine große Homogenität zeigte sich auch bei ihrer Herkunft: 81 % der Befragten waren in Deutschland geboren, 10 % in Österreich, 1 % in der

---

80 Nachweise bei *Baer*, Rechtssoziologie, 4. Aufl. 2021, S. 173 ff.; *Rehbinder*, Rechtssoziologie, 8. Aufl. 2014, S. 136 f.

81 Kritik bei *Rottleuthner*, Abschied von der Justizforschung? Für eine Rechtssoziologie „mit mehr Recht“, ZfRSoz 3 (1982), S. 82.

82 *Röhl*, Rechtssoziologie, 1987, S. 372 ff.; *Maisch*, Migranten in Roben, 2019, S. 44.

83 *Maisch*, Migranten in Roben, 2019, S. 46 ff.

84 *Böning*, Zur sozialen Situation der Assistent*innen im Öffentlichen Recht – Explorative Erkenntnisse aus einer Online-Erhebung, in: Bretthauer/Henrich/Völzmann/Wolckenhaar/Zimmermann (Hrsg.), Wandlungen im Öffentlichen Recht: Festschrift zu 60 Jahren Assistententagung – Junge Tagung Öffentliches Recht, 2020, S. 253 (254).

85 *Böning*, Gleiches Recht für alle? Juristische Profession und soziale Herkunft, in: Pilniok/Brockmann (Hrsg.), Die juristische Profession und das Jurastudium, 2017, S. 59 (70).

Schweiz und nur knapp 4 % in einem anderen Land.[86] Ein Blick in die Mitgliederverzeichnisse der Staatsrechts- und Zivilrechtslehrervereinigungen plausibilisiert diesen Befund.

(4) Anwaltschaft

In Großbritannien erhebt die *Solicitors Regulation Authority* alle zwei Jahre Diversitätsdaten von Kanzleien in England und Wales, aufgeschlüsselt u.a. nach Religion und Weltanschauung sowie Ethnizität.[87] Danach sind 21 % der in Kanzleien beschäftigten Anwälte und Anwältinnen „BAME“ (*black, Asian and minority ethnic*), wobei der Anteil schwarzer Personen ihrem Anteil an der Erwerbsbevölkerung entspricht (3 %) und asiatische Personen mit 15 % überrepräsentiert sind (gegenüber einem Anteil von 7 % in der Erwerbsbevölkerung). In Großkanzleien sinkt der BAME-Anteil allerdings auf 8 %. In Kanzleien mit nur einer Partner:in arbeiten 18 % Muslim:innen, in Großkanzleien dagegen nur 3 %.[88]

In Deutschland fehlt eine vergleichbare Datenerhebung. So teilte uns die Bundesrechtsanwaltskammer (BRAK) auf Anfrage mit, es gebe keine Sammlung von Daten nach „ethnischen Kategorien“, so dass nicht bekannt sei, wie viele Mitglieder der Anwaltschaft einen „Migrationshintergrund“ aufweisen. Eine der Erhebung der *Solicitors Regulation Authority* vergleichbare Untersuchung sei in Deutschland nicht bekannt.[89] Auch im Übrigen gibt es in Deutschland nur einzelne, ausschnitthafte Untersuchungen. So befragte eine Online-Redaktion im Herbst 2016 mehr als 200 Wirtschaftskanzleien zur Anzahl

---

86 *Böning*, Zur sozialen Situation der Assistent*innen im Öffentlichen Recht – Explorative Erkenntnisse aus einer Online-Erhebung, in: Bretthauer/Henrich/Völzmann/Wolckenhaar/Zimmermann (Hrsg.), Wandlungen im Öffentlichen Recht: Festschrift zu 60 Jahren Assistententagung – Junge Tagung Öffentliches Recht, 2020, S. 253 (264). Dieser Befund deckt sich mit den Beobachtungen von *Solanke*, Where Are the Black Lawyers in Germany?, in: Eggers/Kilomba/Piesche/Arndt (Hrsg.), Mythen, Masken und Subjekte, 2005, S. 179 ff.

87 How Diverse is the Legal Profession?, Solicitors Regulation Authority, 20.3.2020 (https://www.sra.org.uk/sra/equality-diversity/key-findings/diverse-legal-profes sion).

88 How Diverse is the Legal Profession?, Solicitors Regulation Authority, 20.3.2020 (https://www.sra.org.uk/sra/equality-diversity/key-findings/diverse-legal-profes sion). Als Großkanzleien gelten Kanzleien mit 50 oder mehr Partner:innen.

89 Auskunft per E-Mail von der Bundesrechtsanwaltskammer v. 10.11.2020.

der Berufsträger:innen mit Migrationshintergrund. Es antworteten 64 Wirtschaftskanzleien, wobei nicht klar ist, ob gerade relativ diverse Kanzleien auf die Umfrage reagierten. Die Befragung ergab einen Anteil von 7,7 %,[90] der 2017 auf 9 % stieg.[91] Zum Vergleich hatten im Jahr 2014 lediglich 3,8 % der Beamt:innen in Deutschland einen Migrationshintergrund.[92] Bei einem migrantischen Bevölkerungsanteil von damals ca. 22 %[93] zeigt sich jedoch in beiden Fällen eine signifikante Unterrepräsentation.

(5) Öffentliche Verwaltung

Studien zur Repräsentation von Personen mit Migrationshintergrund in der öffentlichen Verwaltung sind in Deutschland ebenfalls selten und beschränken sich auf kleine Ausschnitte.[94] Eine wichtige Ausnahme ist die Beschäftigtenbefragung im öffentlichen Dienst des Bundes zur kulturellen Diversität für das Jahr 2019, bei der erhoben wurde, „ob eine beschäftigte Person aus einer Einwandererfamilie stammt".[95] Diskriminierung und Repräsentation von *People of Color* im öffentlichen Dienst untersuchte zudem eine 2017 in Berlin durchgeführte Studie zu „Diversität in öffentlichen Einrichtungen".[96] Das Diversitätsdefizit im öffentlichen Dienst wird auch im Jahresbericht

90 Parzinger, Diversity: Das sind die buntesten Kanzleien in Deutschland, Azur-Online v. 18.4.2017.

91 Diversity: Kanzleien werden immer gemischter, JUVE-Online v. 30.8.2018. Hier hatten 80 der befragten Kanzleien geantwortet.

92 Parzinger, Diversity: Das sind die buntesten Kanzleien in Deutschland, Azur-Online v. 18.4.2017. 2019 waren es 7,5 %; Statistisches Bundesamt, Bevölkerung und Erwerbstätigkeit, Ergebnisse des Mikrozensus 2019, 2020.

93 Siehe https://www.destatis.de/DE/Themen/Gesellschaft-Umwelt/Bevoelkerung/Migration-Integration/Tabellen/liste-migrationshintergrund-geschlecht.

94 Beauftragte der Bundesregierung für Migration, Flüchtlinge und Integration/Bundesinstitut für Bevölkerungsforschung, Kulturelle Diversität und Chancengleichheit in der Bundesverwaltung, 2020, S. 12 f.

95 Beauftragte der Bundesregierung für Migration, Flüchtlinge und Integration/Bundesinstitut für Bevölkerungsforschung, Kulturelle Diversität und Chancengleichheit in der Bundesverwaltung, 2020, S. 20 ff.

96 https://vielfaltentscheidet.de/vielfalt-in-berliner-oeffentlichen-einrichtungen.

2021 des Sachverständigenrates für Integration und Migration als Problem identifiziert.[97]

Für die Bundesverwaltung zeigt sich der Diversitätsmangel besonders plastisch im Vergleich zur Privatwirtschaft. In der genannten Studie gaben bei einem Anteil von 27,1 % an der erwerbsfähigen Bevölkerung im Durchschnitt nur 12 % der Beschäftigten im öffentlichen Dienst des Bundes an, einen Migrationshintergrund zu haben, während es in der Privatwirtschaft 26,2 % sind. Unter ihnen haben 35,5 % Personen eigene Migrationserfahrung, wiederum deutlich weniger als in der Privatwirtschaft (dort 76,3 %). Nur 8,8 % haben eine ausländische Staatsangehörigkeit, die im Beamtenverhältnis (nicht aber in anderen Beschäftigungsverhältnissen) eine – beschränkte – Rolle spielen darf (52,5 % in der Privatwirtschaft).[98] Im selben Jahr hatten unter den Verbeamteten insgesamt – also in Bund, Ländern und Kommunen – nur 7,5 % einen Migrationshintergrund, wovon 6,4 Prozentpunkte auf Deutsche mit Migrationshintergrund entfielen.[99]

Die Studie zur Bundesverwaltung belegt auch ein Phänomen, das plastisch als *leaky pipeline*[100] beschrieben wird: Die Diversität ist auf der Einstiegsstufe am höchsten und nimmt mit jeder Karriere- oder Hierarchiestufe ab. Konkret nimmt der Anteil der Beschäftigten mit Migrationshintergrund mit der Laufbahnstufe ab: von 17,6 % im einfachen bis 10,5 % im gehobenen Dienst, dem aber wieder 13,3 % im höheren Dienst gegenüberstehen. Dazu kommt, dass die Betroffenen überdurchschnittlich häufig überqualifiziert (18,2 %) und befristet (19,6 %) beschäftigt und bei Beförderungen unterrepräsentiert (9,6 %) sind.[101]

97 Sachverständigenrat für Integration und Migration, Normalfall Diversität? Wie das Einwanderungsland Deutschland mit Vielfalt umgeht, Jahresgutachten 2021, S. 68 ff.

98 Beauftragte der Bundesregierung für Migration, Flüchtlinge und Integration/ Bundesinstitut für Bevölkerungsforschung, Kulturelle Diversität und Chancengleichheit in der Bundesverwaltung, 2020, S. 22.

99 Statistisches Bundesamt, Bevölkerung und Erwerbstätigkeit, Ergebnisse des Mikrozensus 2019, 2020.

100 Begriffsprägend *Berryman*, Who will do science?, 1983.

101 Beauftragte der Bundesregierung für Migration, Flüchtlinge und Integration/ Bundesinstitut für Bevölkerungsforschung, Kulturelle Diversität und Chancengleichheit in der Bundesverwaltung, 2020, S. 42 ff.

2. Exklusionsmechanismen

Um in Rechtswissenschaft und Rechtspraxis Diskriminierung zu reduzieren und größere Diversität herzustellen, müssen zunächst die sozialen Mechanismen identifiziert werden, die in diesem spezifischen Bereich zu Diskriminierung, Exklusion und Ungleichheit führen oder führen können. Unsere Hypothese ist, dass die fehlende Diversität in Rechtswissenschaft und Rechtspraxis jedenfalls auch ein Ergebnis diskriminierender Prozesse ist.

Dabei erheben wir an dieser Stelle explizit keinen pauschalen Vorwurf individuell-diskriminierender Sicht- oder Verhaltensweisen.[102] Vielmehr geht es uns in diesem Essay um strukturellen Rassismus.[103] Die Analyse struktureller Formen von Diskriminierung lenkt den Blick auf „den dauerhaften und systematischen Charakter relativer Benachteiligungen zwischen Mitgliedern unterschiedlicher sozialer Gruppen", für die „keine Vorurteile oder Diskriminierungsabsichten der Beteiligten vorausgesetzt werden".[104] Diese „eher indirekt und subtil wirkenden Mechanismen institutioneller Diskriminierung [werden] von den beteiligten Personen – auch von den Betroffenen – oft nicht wahrgenommen".[105]

---

102 Solche gibt es freilich auch, siehe etwa *Zuck*, Ist Ugah, Ugah eine rassistische Äußerung?, NZA 2021, S. 166 (nicht mehr abrufbar).

103 Hierzu *Barskanmaz*, Recht und Rassismus, 2019, S. 19 ff., S. 61 ff.; *Haney-López*, Institutional Racism: Judicial Conduct and a New Theory of Racial Discrimination, Yale Law Journal 109 (1999), S. 1717; *Wiecek*, Structural Racism and the Law in America Today: An Introduction, Kentucky Law Journal 100 (2011), S. 1 (2 ff.); zum US-Kontext zuletzt eindringlich *Wilkerson*, Caste: The Origins of Our Discontents, 2020; siehe auch *Heitmann/Kurbjuhn*, Diversity-Policy an Hochschulen am Beispiel der Humboldt-Universität zu Berlin, Gemeinsam Leben 2020, S. 233 (237), wonach bei einer Beteiligtenbefragung an der HU Berlin 60,3 % der 1351 Befragten angaben, dass sie Diskriminierung häufiger strukturell als individuell wahrnehmen.

104 Zu den methodischen Grundlagen und Herausforderungen *Gomolla*, Direkte und indirekte, institutionelle und strukturelle Diskriminierung, in: Scherr/El-Mafaalani/Yüksel (Hrsg.), Handbuch Diskriminierung, 2017, S. 133 (Zitate auf S. 142 f.).

105 *Gomolla*, Direkte und indirekte, institutionelle und strukturelle Diskriminierung, in: Scherr/El-Mafaalani/Yüksel (Hrsg.), Handbuch Diskriminierung, 2017, S. 133 (134).

Der Begriff des institutionellen Rassismus ist im viel beachteten *Macpherson*-Report aus dem Vereinigten Königreich definiert worden. Es handelt sich um einen Untersuchungsbericht aus dem Jahr 1999, der auf die rassistisch motivierte Tötung des jungen schwarzen Mannes *Stephen Lawrence* im Jahr 1993 folgte und Vorwürfen gegen die Polizei und Strafverfolgungsbehörden nachging, denen sowohl Fehler im Ermittlungsverfahren als auch rassistisches Verhalten vorgeworfen wurde. Die vom damaligen Innenminister *Jack Straw* angeordnete Untersuchung wurde von Sir *William Macpherson*, einem ehemaligen High Court Judge, geleitet. Der Bericht gelangte zu der Feststellung, dass die Ermittlungen von professionellen Fehlern, institutionellem Rassismus und Versagen der Führungsebene gekennzeichnet waren, und kritisierte sowohl die ermittelnden Behörden insgesamt als auch einzelne beteiligte Personen. Er enthielt zudem eine Vielzahl von Empfehlungen, die das Problem des institutionellen Rassismus adressierten, und führte zu zahlreichen Veränderungen in Recht und Praxis. In dem *Macpherson*-Report wird der Begriff des institutionellen Rassismus wie folgt definiert:

> „The collective failure of an organisation to provide an appropriate and professional service to people because of their colour, culture, or ethnic origin. It can be seen or detected in processes, attitudes and behaviour which amount to discrimination through unwitting prejudice, ignorance, thoughtlessness and racist stereotyping which disadvantage minority ethnic people.“[106]

In gesamtgesellschaftlicher Perspektive lassen sich dabei unterschiedliche strukturelle und institutionelle Mechanismen ausmachen, die zu Benachteiligungen von *People of Color* führen. Wie bereits ausgeführt, ist mit „strukturellem Rassismus“ kein Generalverdacht ge-

---

106 *Macpherson*, The Stephen Lawrence inquiry, report presented to the Parliament by the Secretary of State for the Home Department by Command of Her Majesty, Cm 4262-I, 1999, Rn. 6.34. Weitgehende Skepsis gegenüber dem Befund und der Bedeutung strukturellen Rassismus kommt demgegenüber im 2021 veröffentlichten *Sewell*-Report (Commission on Race and Ethnic Disparities, The Report, 2021) zum Ausdruck, der allerdings auf erhebliche und umfassende Kritik gestoßen ist, siehe etwa UN Working Group of Experts on People of African Descent, Statement v. 19.4.2021; aus der Wissenschaft etwa *Bruce-Jones*, The United Kingdom on Race: A Warning for Europe, Verfassungsblog v. 13.4.2021.

genüber Angehörigen von Institutionen (etwa Universitäten oder Gerichten) verbunden. Es geht vielmehr um die historisch gewachsenen, vielfältigen und komplexen Bedingungen, die dazu führen, dass *People of Color* in unterschiedlichen sozialen Kontexten Benachteiligungen ausgesetzt sind, und insbesondere um unbewusste und zum Teil aus der Außenperspektive nur schwer wahrnehmbare Praktiken und Routinen, die sich negativ auf *People of Color* auswirken können. Wenn es gelingt, diese Mechanismen und das damit verbundene Exklusionspotential sichtbar zu machen, besteht die Möglichkeit, sie zu adressieren, um die Teilhabe von *People of Color* an diesen Strukturen zu verbessern.

a) Benachteiligung im Bildungswesen

Einzelne Studien zur Praxis juristischer Prüfungen legen nahe, dass sich ein tatsächlicher oder zugeschriebener Migrationshintergrund nachteilig auf Examensergebnisse auswirken kann.[107] Das wirft die Frage auf, ob dies nur ein isoliertes Problem von Prüfungsverfahren ist oder ob sich im „Messpunkt Staatsexamen" auch kumuliert Diskriminierungserfahrungen über die gesamte Bildungsbiographie hinweg niederschlagen. Die breit dokumentierten Benachteiligungen im Schul- und Bildungswesen legen nahe, dass letztere Deutung wahrscheinlich ist.[108]

b) Diskriminierungserfahrungen mit der Staatsgewalt

Von besonderer Bedeutung können zudem Diskriminierungen sein, die sich in der Begegnung von *People of Color* mit der Staatsgewalt und damit einem zentralen Ausbildungs- und Untersuchungsgegenstand von Rechtswissenschaft und Rechtspraxis manifestieren. Wie

---

107 *Towfigh/Traxler/Glöckner*, Geschlechts- und Herkunftseffekte bei der Benotung juristischer Staatsprüfungen, ZDRW 5 (2018), S. 115; *Towfigh/Traxler/Glöckner*, Zur Benotung in der Examensvorbereitung und im ersten Examen, ZDRW 1 (2013), S. 8.

108 Zur erziehungswissenschaftlichen Forschung *Heinemann/Mecheril*, Erziehungswissenschaftliche Diskriminierungsforschung, in: Scherr/El-Mafaalani/Yüksel (Hrsg.), Handbuch Diskriminierung, 2017, S. 117; zur Diskriminierung im Erziehungssystem im weiteren Sinne *Hummrich*, Diskriminierung im Erziehungssystem, in: Scherr/El-Mafaalani/Yüksel (Hrsg.), Handbuch Diskriminierung, 2017, S. 337.

sich diese auswirken, ist jedoch nicht leicht zu bestimmen: Unrechtserfahrungen können motivierend wirken, selbst Jura zu studieren – sie könnten *People of Color* aber auch von bestimmten Berufen abschrecken.

Dass es in der Begegnung mit Ämtern, der Polizei, aber auch der Justiz zu Diskriminierungen kommen kann, legen empirische Befragungen nach subjektiven Diskriminierungserfahrungen nahe, wie sie von der Antidiskriminierungsstelle des Bundes,[109] der Europäischen Grundrechteagentur[110] oder im Rahmen des Afrozensus[111] durchgeführt werden. Beratungsanfragen von Personen, die sich als von rassistischer Diskriminierung betroffen ansehen, machen regelmäßig den größten Teil der Anfragen bei der Antidiskriminierungsstelle des Bundes aus.[112] In dieselbe Richtung deuten individuelle Erfahrungsberichte aus der stetig wachsenden Literatur von *People of Color* in Deutschland.[113]

Die jüngere Forschung zu diskriminierenden Praktiken von Justiz und Strafverfolgungsbehörden[114] oder der Polizei[115] verfestigt den

---

109 *Beigang/Fetz/Kalkum/Otto*, Diskriminierungserfahrungen in Deutschland, 2017, S. 19 ff.; *Franke/Schlenzka*, Diskriminierung aufgrund der ethnischen Herkunft und rassistische Diskriminierung im Spiegel von Daten und Rechtsprechung, ZAR 2019, S. 179.

110 European Union Agency for Fundamental Rights, Second European Union Minorities and Discrimination Survey: Being Black in the EU, 2018.

111 https://afrozensus.de; dazu oben III.1.b).

112 Antidiskriminierungsstelle des Bundes, Gleiche Rechte, gleiche Chancen, Jahresbericht 2019, 2020, S. 12 und S. 42 ff.; Antidiskriminierungsstelle des Bundes, Gleiche Rechte, gleiche Chancen, Jahresbericht 2020, 2021, S. 20 und S. 43 ff.

113 Siehe etwa *Sow*, Deutschland Schwarz Weiß, 2018; *Roig*, Why We Matter, 2021. Die Bedeutung von (persönlichen) Narrativen wird im Kontext der *Critical Race Theory* analysiert, siehe *Möschel*, Law, Lawyers and Race, 2014, S. 42, 65 ff. Beispiele dafür sind *Delgado*, The Rodrigo Chronicles, 1995, und *Williams*, The Alchemy of Race and Rights, 1991.

114 Nachweise hierzu bei *Payandeh*, Die Sensibilität der Strafjustiz für Rassismus und Diskriminierung, DRiZ 2017, S. 322; *Schlüter/Schoenes*, Zur Ent-Thematisierung von Rassismus in der Justiz, movements 2 (2016), S. 199.

115 *Behr*, Diskriminierung durch Polizeibehörden, in: Scherr/El-Mafaalani/Yüksel (Hrsg.), Handbuch Diskriminierung, 2017, S. 301; *Abdul-Rahman/Espín Grau/Klaus/Singelnstein*, Rassismus und Diskriminierungserfahrungen im Kontext polizeilicher Gewaltausübung: Zweiter Zwischenbericht zum Forschungsprojekt „Körperverletzung im Amt durch Polizeibeamt*innen“, 2020; *Hunold/Wegener*, Rassismus und Polizei: Zum Stand der Forschung, APuZ 42–44 (2020), S. 27.

Befund, dass Diskriminierung durch die Staatsgewalt sich nicht auf bedauerliche Einzelfälle beschränkt. Dokumentiert sind Polizeikontrollen, die übermäßig *People of Color* betreffen,[116] fehlende Sensibilität der Polizei[117] sowie der Strafverfolgungsbehörden und der Gerichte[118] für rassistisch motivierte Straftaten und Benachteiligungen von *People of Color* im Rahmen von Strafverfahren.[119]

Diese Faktoren könnten ein Grund dafür sein, dass *People of Color* sich seltener für eine juristische Karriere entscheiden; sie stehen dem Rechtssystem tendenziell mit Misstrauen und Argwohn gegenüber,[120] und eine Tätigkeit in einem juristischen Beruf erscheint vielen weder naheliegend noch besonders aussichtsreich (eine Form des „*crowding out*").[121] Eine exkludierende Gesetzgebung, die wie im Beamtenrecht zu einem Kopftuchverbot für Rechtsreferendarinnen führt und so bereits in der Ausbildung die Karrierewege einschränkt,[122] verstärkt diese Entwicklung.

Bemerkenswerterweise erfreut sich das Studium der Rechtswissenschaften unter den Studierenden mit Migrationshintergrund überproportional großer Beliebtheit.[123] Persönliche Unrechtserfahrungen können im Einzelfall durchaus das Interesse an einem rechtswissen-

---

116 Siehe *Hunold/Wegener*, Rassismus und Polizei: Zum Stand der Forschung, APuZ 42–44 (2020), S. 27 (29 ff.); vgl. auch ECRI, 6. Bericht über Deutschland v. 10.12.2019, Rn. 104 ff.

117 *Habermann/Singelnstein*, Praxis und Probleme bei der Erfassung politisch rechtsmotivierter Kriminalität durch die Polizei, in: Institut für Demokratie und Zivilgesellschaft (Hrsg.), Wissen schafft Demokratie 4/2018: Gewalt gegen Minderheiten, 2018, S. 20.

118 *Payandeh*, Die Sensibilität der Strafjustiz für Rassismus und Diskriminierung, DRiZ 2017, S. 322.

119 Überblick über die Forschungslage bei *Haverkamp/Lukas*, Diskriminierung im Strafrecht, in: Scherr/El-Mafaalani/Yüksel (Hrsg.), Handbuch Diskriminierung, 2017, S. 285 (291 ff.).

120 *Solanke*, Where Are the Black Lawyers in Germany?, in: Eggers/Kilomba/Piesche/Arndt (Hrsg.), Mythen, Masken und Subjekte, 2005, S. 179 (183); CERD, General Recommendation No. 36 (2020) on preventing and combating racial profiling by law enforcement officials, UN Doc. CERD/C/GC/36 (2020), Rn. 26.

121 Mit Bezug auf das Vereinigte Königreich *Wilson*, In Black and White, 2020, S. 17 ff.

122 Vgl. § 45 HBG und zur Verfassungsmäßigkeit eines Kopftuchverbots BVerfG, Beschl. v. 14. Januar 2020, 2 BvR 1333/17. Dazu näher unten IV.1.a).

123 Dazu oben III.1.c)(1).

schaftlichen Studium gerade erst begründen. Es erscheint jedoch zumindest plausibel, dass die deutliche Unterrepräsentation von *People of Color* in vielen juristischen Berufen auch mit abschreckenden Effekten solcher Diskriminierungserfahrungen zusammenhängen kann.

c) Gatekeeping und Structural Bias

Zweifelhaft ist auch, ob *People of Color* die gleichen faktischen Chancen im Rahmen der juristischen Ausbildung und anschließenden juristischen Karriere haben. Hierbei geht es wiederum nicht primär um bewusste Benachteiligungsformen, sondern um Faktoren, die sich systematisch vor allem zulasten von *People of Color* auswirken können.[124]

Eine besonders wirkmächtige Folge des Diversitätsdefizits ist, dass Vorstellungen von der „Norm" eines Anwalts, Richters oder Jura-Professors – die maskuline Form ist hier bewusst gewählt – verstärkt werden. Diese „Norm" setzt sich in den Köpfen nicht nur von Jurist:innen,[125] sondern auch der Gesellschaft fest. Das kann abschreckende und entmutigende Wirkung auf *People of Color* haben, die sich zwar für einen juristischen Werdegang interessieren, sich in diesem Berufsfeld aber nicht hinreichend repräsentiert sehen: Wie in anderen sozialen Kontexten gibt es auch in der Rechtspraxis Konventionen über den notwendigen „Habitus", der erfolgreiche Jurist:innen kennzeichnet.[126] Auch und besonders Leistungseliten neigen

---

124 Zum Problem des Gatekeeping im Vereinigten Königreich durch die Judicial Appointment Commission *Barmes/Malleson*, The Legal Profession as Gatekeeper to the Judiciary: Design Faults in Measures to Enhance Diversity, Modern Law Review 74 (2011), S. 245; im US-Kontext mit Blick auf Großkanzleien *Wilkins/Gulati*, Why Are There So Few Black Lawyers in Corporate Law Firms? An Institutional Analysis, California Law Review 84 (1996), S. 493; allg. *Williams*, Gatekeeping the Profession, Equal Rights & Social Justice 26 (2020), S. 171.

125 *Lembke/Valentiner*, Diskriminierung und Antidiskriminierung in der juristischen Ausbildung, in: Bretthauer/Henrich/Völzmann/Wolckenhaar/Zimmermann (Hrsg.), Wandlungen im Öffentlichen Recht: Festschrift zu 60 Jahren Assistententagung – Junge Tagung Öffentliches Recht, 2020, S. 279 (281).

126 Zur Bedeutung des Habitus für die juristische Profession *Wrase*, Recht als soziale Praxis – eine Herausforderung für die juristische Profession?!, in: Pilniok/Brockmann (Hrsg.), Die juristische Profession und das Jurastudium, 2017, S. 41 (50 ff.); *Sow*, Eine Praxistheorie für das Recht, Rechtsphilosophie 2019, S. 142

dazu, ihresgleichen zu bevorzugen (die Sozialpsychologie spricht von Ähnlichkeitseffekten bei interpersonaler Attraktion), und erzeugen so einen für die nicht dazugehörenden Personen deutlich spürbaren Assimilierungsdruck – auf *People of Color* ebenso wie auf Frauen oder Arbeiterkinder.[127] Abweichungen vom Leitbild können – bewusst oder unbewusst – als negativ eingeordnet und als mangelnde Eignung für einen juristischen Beruf oder jedenfalls eine Führungsposition sanktioniert werden.[128] Das vermeintlich objektive Entscheidungskriterium „Eignung“ oder „Passfähigkeit“ entpuppt sich dann als Transmissionsriemen für strukturell diskriminierende Kommunikationspraktiken.[129]

Freilich ist die Datenlage dünn; umfassende Studien zu Diskriminierungserfahrungen von Jurist:innen existieren für Deutschland (noch) nicht. Allerdings erlauben die Forschungsergebnisse zur Diskriminierung im beruflichen Kontext, insbesondere aufgrund des Geschlechts,[130] einige Schlüsse. Auch verringert ein tatsächlicher oder zugeschriebener Migrationshintergrund signifikant die Chancen, zu einem Vorstellungsgespräch eingeladen zu werden.[131] Diese Aussagen dürften auf den juristischen Arbeitsmarkt übertragbar sein.

(145 f.); zum US-amerikanischen Kontext *Negowetti*, Implicit Bias and the Legal Profession's "Diversity Crisis": A Call for Self-Reflection, Nevada Law Journal 15 (2015), S. 930 (948); *Wald*, A Primer on Diversity, Discrimination, and Equality in the Legal Profession or Who is Responsible for Pursuing Diversity and Why, Georgetown Journal of Legal Ethics 24 (2011), S. 1079 (1096 f.).

127 Näher *Hartmann*, Der Mythos von den Leistungseliten, 2002, S. 81 ff.; weiterführend *Sandel*, The Tyranny of Merit, 2020.

128 *Solanke*, Where Are the Black Lawyers in Germany?, in: Eggers/Kilomba/Piesche/Arndt (Hrsg.), Mythen, Masken und Subjekte, 2005, S. 179 (183); aus dem US-amerikanischen Kontext *Kang/Dasgupta/Yogeeswaran/Blasi*, Are Ideal Litigators White?, Journal of Empirical Legal Studies 7 (2010), S. 886.

129 Zu entsprechenden Debatten um die soziale Konstruktion von *merit* siehe *Möschel*, Law, Lawyers and Race, 2014, S. 64 ff.; allgemeiner *Möllers*, Freiheitsgrade, 2020, S. 42–44.

130 *Beigang/Fetz/Kalkum/Otto*, Diskriminierungserfahrungen in Deutschland, 2017, S. 157 ff.

131 *Koopmans/Veit/Yemane*, Ethnische Hierarchien in der Bewerberauswahl: Ein Feldexperiment zu den Ursachen von Arbeitsmarktdiskriminierung, WZB Discussion Paper SP VI 2018–104, 2018; Antidiskriminierungsstelle des Bundes, Diskriminierung im Bildungsbereich und im Arbeitsleben: Zweiter Gemeinsamer Bericht der Antidiskriminierungsstelle des Bundes und der in ihrem Zuständigkeitsbereich betroffenen Beauftragten der Bundesregierung und des

Erklärungsversuche für solch exkludierende Praktiken auch und gerade jenseits intendierter Diskriminierung lassen sich in der Kognitions- und Sozialpsychologie ausmachen. Dort wird das erhebliche Exklusionspotential unbewusster Stereotype und Einstellungen unter dem Stichwort *unconscious* oder *implicit bias* diskutiert.[132] Dieser Forschungszweig sensibilisiert uns für die Steuerung menschlicher Entscheidungen durch unbewusste Prägungen und Annahmen. Nach derzeitigem Forschungsstand wirken sich unbewusste Vorurteile und stereotype Vorstellungen von Menschen, die wir als „anders" wahrnehmen, (unbewusst) negativ auf das Verhalten diesen Menschen gegenüber aus, beeinflussen sie betreffende Entscheidungen und können die Einstellung von Personen aus der eigenen „Gruppe" begünstigen (*in-group bias*).[133] Anders als etwa in den USA[134] oder im Vereinigten Königreich[135] gibt es für die Situation von *People of Color* im Kontext der deutschen Rechtspraxis aber noch keine belastbaren Daten.

Deutschen Bundestages, 2013; *Weichselbaumer*, Discrimination against Female Migrants Wearing Headscarves, IZA Discussion Paper No. 10217, 2016.

132 Zum Überblick siehe *Banaji/Greenwald*, Blind Spot, 2013; *Zick*, Sozialpsychologische Diskriminierungsforschung, in: Scherr/El-Mafaalani/Yüksel (Hrsg.), Handbuch Diskriminierung, 2017, S. 59; *Bendick/Nunes*, Developing the research basis for controlling bias in hiring, Journal of Social Issues 68 (2012), S. 238 (239 ff.); zu den Implikationen aus rechtlicher Perspektive *Jolls/Sunstein*, The Law of Implicit Bias, California Law Review 94 (2006), S. 969; *Kang* u.a., Implicit Bias in the Courtroom, UCLA Law Review 59 (2012), S. 1124; *Rhode*, From Platitudes to Priorities: Diversity and Gender Equity in Law Firms, Georgetown Journal of Legal Ethics 24 (2011), S. 1041 (1050 ff.); zur Einstellungspraxis in Kanzleien *Pearce/Wald/Ballakrishnen*, Difference Blindness vs. Bias Awareness: Why Law Firms with the Best of Intentions Have Failed to Create Diverse Partnerships, Fordham Law Review 83 (2015), S. 2407 (2426 ff.).

133 *Bendick/Nunes*, Developing the research basis for controlling bias in hiring, Journal of Social Issues 68 (2012), S. 238, (240 f.); *Wilkins/Gulati*, Why Are There So Few Black Lawyers in Corporate Law Firms? An Institutional Analysis, California Law Review 84 (1996), S. 493 (557 ff.); *Rhode*, From Platitudes to Priorities: Diversity and Gender Equity in Law Firms, Georgetown Journal of Legal Ethics (2011), S. 1041 (1050 ff.). Zur Kritik *Gawronski*, Six Lessons for a Cogent Science of Implicit Bias and Its Criticism, Perspectives on Psychological Science 14 (2019), S. 574.

134 Siehe *Negowetti*, Implicit Bias and the Legal Profession's "Diversity Crisis": A Call for Self-Reflection, Nevada Law Journal 15 (2015), S. 930 (941 ff.) m.w.N.

135 Siehe *Solanke*, Where Are the Black Lawyers in Germany?, in: Eggers/Kilomba/Piesche/Arndt (Hrsg.), Mythen, Masken und Subjekte, 2005, S. 179.

d) Exkludierende Wirkung von Alltagsrassismen

Auch das Arbeitsklima kann in einem überwiegend von weißen Personen geprägten Umfeld ein Faktor sein, der abschreckende Wirkung auf potentiell Interessierte entfaltet, das Vorankommen von *People of Color* beeinträchtigt oder sie zu einem beruflichen Wechsel veranlasst.[136] Einige Praktiken und Verhaltensmuster sind bei genauem Hinschauen subtile Erscheinungsformen von Alltagsrassismen: der vermeintlich harmlose Witz, eine Bemerkung über ungewöhnlich erscheinende Namen oder äußere Merkmale, vermeintliche Komplimente über unerwartet gute deutsche Sprachkenntnisse oder die gelungene Integration in die deutsche Gesellschaft, die Frage nach der „eigentlichen" Herkunft sowie die an eine Person als „Gruppenmitglied" gerichtete Erwartung, stellvertretend für die zugeschriebene Gruppe Stellung zu beziehen.[137] Permanent solchen Kommunikationsinhalten und -formen ausgesetzt zu sein, ist für *People of Color* eine zusätzliche, von anderen nicht zu tragende Last. Dabei handelt es sich freilich um kein ausschließlich in juristischen Berufsfeldern virulentes Phänomen.[138]

e) Fehlen von Vorbildern und Andorra-Effekt

Ursache und Auswirkung des Diversitätsdefizits sind zudem fehlende Vorbilder (*role models*):[139] Die Unterrepräsentation von *People of Color* in juristischen Berufen kann dazu führen, dass andere *People of Color* kein Interesse an einer entsprechenden Karriere entwickeln,

---

136 *Long*, Employment Discrimination in the Legal Profession: A Question of Ethics?, University of Illinois Law Review 2016, S. 445; *Pearce/Wald/Ballakrishnen*, Difference Blindness vs. Bias Awareness: Why Law Firms with the Best of Intentions Have Failed to Create Diverse Partnerships, Fordham Law Review 83 (2015), S. 2407 (2423 ff.) (jeweils im US-Kontext).

137 Sogenannte „Mikroaggressionen"; begriffsprägend *Pierce*, Offensive Mechanisms, in: Barbour (Hrsg.) The Black Seventies, 1970, S. 265; näher *Sue/Spanierman*, Microaggressions in Everyday Life, 2. Aufl. 2020; speziell zum rechtlichen Kontext *Davis*, Law As Microaggression, Yale Law Journal 98 (1989), S. 1559.

138 *Solanke*, Where Are the Black Lawyers in Germany?, in: Eggers/Kilomba/Piesche/Arndt (Hrsg.), Mythen, Masken und Subjekte, 2005, S. 179 (184 f.).

139 Aus der empirischen Forschung *Birdsall/Gershenson/Zuniga*, Stereotype Threat, Role Models, and Demographic Mismatch in an Elite Professional School Setting, IZA Discussion Paper 10459, 2016.

von juristischen Berufsbildern nicht ausreichend angesprochen werden oder dass ihnen eine entsprechende Karriere als wenig aussichtsreich erscheint. Es fehlen im juristischen System Menschen, die als Angehörige einer Minderheit Ansprechpersonen für Fragen des Karrierewegs sind und als solche auch von *People of Color* wahrgenommen werden. Zudem sind berufliche Karrieren stark von Mentor:innen, Förderern und Netzwerken bestimmt.[140] Die mangelnde Diversität innerhalb der juristischen Berufe kann den Zugang von *People of Color* zu entsprechenden Informations- und Förderstrukturen erschweren und wird so perpetuiert.[141] Daher wird in den USA der Gedanke, dass schwarze Jurist:innen *role models* für andere *People of Color* sein können, im Diskurs um Diversität und um *affirmative action* betont.[142]

Die mit dem Fehlen von Vorbildern einhergehenden Probleme werden potentiell durch die bereits beschriebenen Stereotypisierungen verstärkt:[143] Derartige *biases* können ihrerseits Rückkopplungseffekte bei den Betroffenen auslösen. Aus Merkmalsfremdzuschreibungen ziehen Betroffene Schlüsse über ihre eigenen Fähigkeiten oder Chancen, was wiederum ihr eigenes Verhalten und/oder die eigene Motivation im Sinne einer *self-fulfilling prophecy*[144] negativ beeinflussen kann (sog. „Andorra-Effekt"). Die Jurastudentin, die gelesen hat,

---

140 *Rhode*, From Platitudes to Priorities: Diversity and Gender Equity in Law Firms, Georgetown Journal of Legal Ethics 24 (2011), S. 1041 (1071 f.); *Deo*, Unequal Profession: Race and Gender in Legal Academia, 2019, S. 152 f.; kritisch *Pearce/Wald/Ballakrishnen*, Difference Blindness vs. Bias Awareness: Why Law Firms with the Best of Intentions Have Failed to Create Diverse Partnerships, Fordham Law Review 83 (2015), S. 2407 (2418 f.).

141 *Lembke/Valentiner*, Diskriminierung und Antidiskriminierung in der juristischen Ausbildung, in: Bretthauer/Henrich/Völzmann/Wolckenhaar/Zimmermann (Hrsg.), Wandlungen im Öffentlichen Recht: Festschrift zu 60 Jahren Assistententagung – Junge Tagung Öffentliches Recht, 2020, S. 279 (287, 295).

142 *Rhode*, In the Interests of Justice, 2000, S. 195; zu den Problemen dieses Ansatzes siehe *Ifill*, Racial Diversity on the Bench: Beyond Role Models and Public Confidence, Washington & Lee Law Review 57 (2000), S. 405 (409, 479 ff.).

143 Dazu oben III.2.c).

144 *Merton*, Die self-fulfilling prophecy, in: Meja/Stehr (Hrsg.), Soziologische Theorie und soziale Struktur, 1995, S. 399; *Word/Zanna/Cooper*, The nonverbal mediation of self-fulfilling prophecies in interracial interaction, Journal of Experimental Social Psychology 10 (1974), S. 109; *Supik*, Statistik und Diskriminierung, in: Scherr/El-Mafaalani/Yüksel (Hrsg.), Handbuch Diskriminierung, 2017, S. 191 (204).

dass Frauen in juristischen Staatsprüfungen schlechter abschneiden als Männer, wird davon vielleicht in der eigenen Prüfung verunsichert (*stereotype threat*).[145] Wendet sie kognitive Ressourcen auf, um diesen Effekt zu nivellieren – etwa, um einen möglichst angepassten Habitus an den Tag zu legen –, stehen ihr diese Ressourcen für die Lösung der eigentlichen Prüfungsaufgabe nicht mehr zur Verfügung, so dass sie dadurch weniger leistungsstark erscheint. Für *People of Color* dürften sich vergleichbare Mechanismen ausmachen lassen.

---

145 *Spencer/Steele/Quinn*, Stereotype threat and women's math performance, Journal of Experimental Social Psychology 35 (1999), S. 4; *Lusher/Campbell/Carrell,* TAs like me: Racial interactions between graduate teaching assistants and undergraduates, Journal of Public Economics 159 (2018), S. 203.

IV. Warum ist das Diversitätsdefizit problematisch?

Die vorliegenden Daten erlauben die begründete Vermutung, dass Rechtswissenschaft und Rechtspraxis für *People of Color* nicht gleichermaßen zugänglich sind. Die bestehenden Exklusionsmechanismen sind nicht nur im Lichte rechtlicher Diskriminierungsverbote zu betrachten (1.). Das daraus resultierende Diversitätsdefizit entfaltet auch eine Reihe negativer Konsequenzen für das Rechtssystem insgesamt (2.). Diese Probleme zu thematisieren und Strategien zur Verbesserung zu entwickeln erscheint uns geboten (3.).

1. Rechtliche Rahmenbedingungen von Diversität: Verbote, Gebote und Erlaubnisse

Dem hier behandelten Diversitätsdefizit lässt sich mit rechtlichen Vorgaben alleine nicht begegnen. Gleichwohl bilden rechtliche Vorgaben die Rahmenbedingungen, innerhalb derer das Diversitätsdefizit betrachtet und Maßnahmen zu seiner Behebung diskutiert werden müssen.

a) Verbot unmittelbarer und mittelbarer Diskriminierung

Öffentliche und private Akteure sind – in unterschiedlichen Graden[146] – an das Verbot rassistischer Diskriminierung gebunden. Als an die Staaten gerichtetes Verbot ist es völkerrechtlich in Art. 2 des UN-Übereinkommens zur Beseitigung jeder Form rassistischer Diskriminierung (ICERD) sowie Art. 14 EMRK enthalten und verfassungsrechtlich in Art. 3 Abs. 3 Satz 1 GG verankert.[147] Unmittelbare

---

146 Zur Frage der Horizontalwirkung von grundrechtlichen Diskriminierungsverboten siehe *Grünberger*, Personale Gleichheit, 2013, S. 1004 ff.; *Kulick*, Horizontalwirkung im Vergleich, 2020, S. 415 ff.

147 Zum Verständnis von Art. 3 Abs. 3 Satz 1 GG als Verbot rassistischer Diskriminierung nur BVerfG, Beschl. v. 2.11.2020, 1 BvR 2727/19, Rn. 11; engeres Verständnis und Kritik an einem weiten, offenen Rassismusbegriff hingegen bei *Kischel*, Rasse, Rassismus und Grundgesetz, AöR 145 (2020), S. 227 (248 ff.).

Geltung im Verhältnis zwischen Privaten erlangt das Diskriminierungsverbot insbesondere durch das Allgemeine Gleichbehandlungsgesetz (AGG),[148] das der Umsetzung von Vorgaben der Antirassismus-Richtlinie dient[149] und unionsgrundrechtlich zudem von Art. 21 GRC überformt wird, dem der EuGH unmittelbare Wirkungen im Privatrechtsverhältnis zuspricht.[150] Das AGG erfasst auch den Bildungssektor, allerdings ist die Richtlinienumsetzung insofern unzureichend.[151] Diskriminierung beim Zugang zur juristischen Ausbildung ist daher direkt an Art. 3 lit. g) Antirassismus-RL zu messen.

Durch das Verbot der unmittelbaren Diskriminierung sind formal diskriminierende Zugangshürden zum Arbeitsmarkt ebenso untersagt wie die aus rassistischen Gründen erfolgende Nichteinstellung, Beförderungsverweigerung oder Kündigung. Auf die subjektive Motivation oder Benachteiligungsabsicht kommt es dabei nicht an.[152] Entscheidend ist allein, ob eine Benachteiligung objektiv an das verpönte Merkmal anknüpft.[153]

Das Verbot mittelbarer Diskriminierung erfasst darüber hinaus verdeckte Diskriminierungen ebenso wie scheinbar neutrale Regelungen und Praktiken, die sich diskriminierend auswirken.[154] Im Rahmen der grundgesetzlichen Diskriminierungsverbote hat das Bundesverfassungsgericht das Verbot mittelbarer Diskriminierung hinsichtlich des Merkmals Geschlecht ausdrücklich anerkannt.[155] Viel spricht dafür, dass es auch für die anderen in Art. 3 Abs. 3 Satz 1

---

148 Siehe §§ 1, 3 AGG, allerdings beschränkt auf ausgewählte Sektoren.

149 Richtlinie 2000/43/EG v. 26.9.2000, ABl. L 180/22.

150 EuGH, Urt. v. 17.4.2018, Rs. C-414/16, Rn. 76 f., *Egenberger*; dazu *Jarass*, Charta der Grundrechte der Europäischen Union, 4. Aufl. 2021, Art. 21 Rn. 4; kritisch demgegenüber statt vieler *Hölscheidt*, in: Meyer/Hölscheidt (Hrsg.), Charta der Grundrechte der Europäischen Union, 5. Aufl. 2019, Art. 21 Rn. 34.

151 Näher *Tischbirek*, Antidiskriminierungsgesetzgebung der Länder im Mehrebenensystem, ZG 2017, S. 165.

152 So bereits EuGH, Urt. v. 22.4.1997, Rs. C-180/95, *Draempaehl*; EuGH, Urt. v. 8.11.1990, Rs. C-177/88, *Dekker*.

153 Ausführlich und mit weiteren Nachweisen *Baumgärtner*, in: Beck'scher Online Großkommentar, Stand: 1.3.2021, § 3 AGG Rn. 49; siehe auch *Schrader/Schubert*, in: Däubler/Bertzbach (Hrsg.), Allgemeines Gleichbehandlungsgesetz, 4. Aufl. 2018, § 3 Rn. 46.

154 *Grünberger*, Personale Gleichheit, 2013, S. 656 ff.; *Mangold*, Demokratische Inklusion durch Recht, 2021, S. 212 ff., 241 ff.

155 BVerfGE 89, 276 (290 f.); 97, 35 (43); 109, 64 (89); 121, 241 (254 f.).

GG verankerten Merkmale gilt.[156] Unionsrechtlich ist das Verbot mittelbarer Diskriminierung fest etabliert und in Art. 2 Abs. 1 iVm Abs. 2 lit. b) Antirassismus-RL ausdrücklich vorgesehen.[157] Auch der EGMR erkennt grundsätzlich an, dass mittelbare Diskriminierungen dem akzessorischen Diskriminierungsverbot des Art. 14 EMRK unterfallen können.[158] Im internationalen Menschenrechtsschutz ist die mittelbare Diskriminierung ebenfalls fest etabliert.[159] Sie ist vom Menschenrechtsausschuss im Zusammenhang mit dem Diskriminierungsverbot nach Art. 26 IPBPR,[160] im Rahmen des Internationalen Übereinkommens zur Beseitigung rassistischer Diskriminierung[161] sowie des Übereinkommens zur Beseitigung jeder Form von Diskriminierung der Frau[162] anerkannt.

---

156 So auch *Jarass/Pieroth*, Grundgesetz, 16. Aufl. 2020, Art. 3 Rn. 137; *Nußberger*, in: Sachs (Hrsg.), Grundgesetz, 9. Aufl. 2021, Art. 3 Rn. 248; *Baer/Markard*, in: v. Mangoldt/Klein/Starck, Grundgesetz, 7. Aufl. 2018, Art. 3 Rn. 430; dagegen *Langenfeld*, in: Maunz/Dürig, Grundgesetz, Bd. 1, Stand: 2014, Art. 3 Abs. 3 Rn. 37 ff.; *Kischel*, in: Epping/Hillgruber (Hrsg.), Beck'scher Online-Kommentar zum Grundgesetz, Stand: 15.2.2021, Art. 3 Rn. 215 ff.; *Sachs*, Besondere Gleichheitsgarantien, in: Isensee/Kirchhof (Hrsg.), Handbuch des Staatsrechts der Bundesrepublik Deutschland, Bd. VIII, 3. Aufl. 2010, § 182 Rn. 32.

157 Statt vieler *Hölscheidt*, in: Meyer/Hölscheidt (Hrsg.), Charta der Grundrechte der Europäischen Union, 5. Aufl. 2019, Art. 21 Rn. 36.

158 EGMR, Urt. v. 13.11.2007, Beschwerde-Nr. 573250/00, *D.H. u.a./Tschechien*, Rn. 182 ff.; zur Rechtsprechung *Peters/König*, Das Diskriminierungsverbot, in: Dörr/Grote/Marauhn (Hrsg.), EMRK/GG, Konkordanzkommentar, 2. Aufl. 2013, Kap. 21 Rn. 78; *Sauer*, in: Karpenstein/Mayer (Hrsg.), Europäische Menschenrechtskonvention, 2. Aufl. 2015, Art. 14 Rn. 45 f.; ausführlich *Altwicker*, Menschenrechtlicher Gleichheitsschutz, 2011, S. 226 ff.

159 Siehe dazu *Tobler*, Grenzen und Möglichkeiten des Konzepts der mittelbaren Diskriminierung, 2008; *Altwicker*, Menschenrechtlicher Gleichheitsschutz, 2011, S. 266 ff.

160 Human Rights Committee, Communication No. 976/2001, Cecilia Derkensen v. Netherlands, UN Doc. CCPR/C/80/D/976/2001, Rn. 9.3.

161 CERD, General Recommendation No. 14 on article 1, paragraph 1, of the Convention, UN Doc. A/48/18 (1993), S. 115, Rn. 1; *Gragl*, in: Angst/Lantschner (Hrsg.), Internationales Übereinkommen zur Beseitigung jeder Form von Rassendiskriminierung, 2020, Art. 1 Rn. 16 ff.

162 CEDAW, General Recommendation No. 28 on the core obligations of States parties under article 2 of the Convention on the Elimination of All Forms of Discrimination against Women, UN Doc. CEDAW/C/GC/28 (2010), Rn. 16; *Byrnes*, Article 1, in: Freeman/Chinkin/Rudolf (Hrsg.), The UN Convention on the Elimination of All Forms of Discrimination against Women, 2012, S. 51 (65 f.).

Kopftuchverbote für Referendarinnen und Richterinnen sind deshalb selbst dann verfassungsrechtlich problematisch, wenn sie in Form scheinbar allgemein geltender Neutralitätsgebote daherkommen,[163] auch wenn das Bundesverfassungsgericht Kopftuchverbote für Referendarinnen als zulässig erachtet.[164] Jedenfalls liegt, wie das Bundesverwaltungsgericht klargestellt hat, in der Auflage, das Kopftuch bei hoheitlichen Tätigkeiten abzulegen, ein schwerwiegender Grundrechtseingriff.[165]

Als verfassungsrechtlich wie auch unionsrechtlich grundsätzlich zulässig erweisen sich demgegenüber Staatsangehörigkeitserfordernisse für bestimmte juristische Berufe wie insbesondere den Richterdienst,[166] auch wenn diesen ebenfalls eine potentiell exkludierende Wirkung zukommen kann. Art. 3 Abs. 2 der Antirassismus-RL stellt insofern klar, dass die Richtlinie unterschiedliche Behandlungen aus Gründen der Staatsangehörigkeit nicht berührt. Das allgemeine Verbot der Diskriminierung aufgrund der Staatsangehörigkeit gilt einerseits nur im – allerdings weit verstandenen – Anwendungsbereich der europäischen Verträge und ist andererseits einer Rechtfertigung zugänglich. Anders als Art. 1 Abs. 2 ICERD auf den ersten Blick vermuten ließe, fallen Diskriminierungen aufgrund der Staatsangehörigkeit keineswegs per se aus dem Anwendungsbereich des ICERD heraus.[167] Auch insofern kann ein Staatsangehörigkeitserfordernis für bestimmte Berufe aber grundsätzlich gerechtfertigt werden.

---

163 *Payandeh*, Das Kopftuch der Richterin aus verfassungsrechtlicher Perspektive, DÖV 2018, S. 482 (483); zur Exklusionswirkung im Hinblick auf Rechtsanwältinnen *Bartel/Liebscher/Remus*, Rassismus vor Gericht: weiße Norm und Schwarzes Wissen im deutschen Recht, in: Fereidooni/El (Hrsg.), Rassismuskritik und Widerstandsformen, 2017, S. 361 (368).

164 BVerfGE 153, 1 (113 ff.), unter Offenlassung des mittelbar diskriminierenden Charakters der Neutralitätsvorgaben; zustimmend *v. Schwanenflug*, Anmerkung zu BVerfG, Beschl. v. 14.1.20, 2 BvR 1333/17, NVwZ 2020, S. 474; kritisch *Brosius-Gersdorf/Gersdorf*, Kopftuchverbot für Rechtsreferendarin: Unanwendbarkeit des Neutralitätsgebots, NVwZ 2020, S. 428; ähnlich auch EuGH, Urt. v. 14.3.2017, Rs. C-157/15, *Achbita* (zur Kritik *Sagan*, Unionaler Diskriminierungsschutz gegen Kopftuchverbote am Arbeitsplatz, EuZW 2017, S. 457 (459)).

165 BVerwG, Urt. v. 12.11.2020, 2 C 5.19.

166 Siehe § 9 DRiG; dazu *Staats*, DRiG, 2012, § 9 Rn. 3.

167 Ausführlich hierzu CERD, General Recommendation No. 30 on discrimination against non-citizens, UN Doc. A/59/18 (2004); *Gragl*, in: Angst/Lantschner (Hrsg.), Internationales Übereinkommen zur Beseitigung jeder Form von Ras-

b) Positive Maßnahmen zur Beseitigung von Benachteiligungen

Gegen die aufgezeigten Exklusionsmechanismen, die nach unserer Auffassung für das Diversitätsdefizit mit verantwortlich sind, sowie die mangelnde Diversität an sich helfen die Verbote unmittelbarer und mittelbarer Diskriminierung nur begrenzt. Vielmehr ist die Frage aufgeworfen, inwiefern eine staatliche Pflicht besteht, diesem Defizit und seinen Ursachen aktiv entgegenzuwirken.[168]

Mit Blick auf Diskriminierungen von Seiten Privater stellt sich damit zunächst die Frage einer staatlichen Schutzpflicht. Auf verfassungsrechtlicher Ebene ist eine solche im Zusammenhang mit dem Grundrecht auf Gleichberechtigung nach Art. 3 Abs. 2 GG – also für die Kategorie des Geschlechts – anerkannt.[169] Im Rahmen der übrigen Kategorien des Art. 3 Abs. 3 GG wird eine solche Schutzpflicht zum Teil ebenfalls angenommen,[170] zum Teil abgelehnt.[171] Das Bun-

---

sendiskriminierung, 2020, Art. 1 Rn. 27 ff.; engere Lesart aber bei IGH, Urt. v. 4.2.2021, Application of the International Convention on the Elimination of All Forms of Racial Discrimination (Qatar v. United Arab Emirates), Rn. 74 ff.

168 Ausführlich zu den verfassungs-, völker- und unionsrechtlichen Rahmenbedingungen *Payandeh*, Positive Verpflichtungen im Zusammenhang mit verfassungsrechtlichen Diskriminierungsverboten, Rechtswissenschaftliche Analyse zum Entwurf eines Gesetzes zur Änderung des Grundgesetzes (BT-Drs. 19/24434 vom 18. November 2020) im Hinblick auf eine Ergänzung von Art. 3 Abs. 3 GG zum Schutz gegen gruppenbezogene Menschenwürdeverletzungen, erstellt im Auftrag der Fraktion BÜNDNIS 90/DIE GRÜNEN im Deutschen Bundestag v. 18.4.2021.

169 BVerfGE 89, 276 (285 ff.); 109, 64 (89 ff.); *Englisch*, in: Stern/Becker (Hrsg.), Grundrechte-Kommentar, 2. Aufl. 2016, Art. 3 Rn. 96; kritisch hingegen *Jestaedt*, Diskriminierungsschutz und Privatautonomie, VVDStRL 64 (2005), S. 298 (344 f.).

170 *Sachs*, Besondere Gleichheitsgarantien, in: Isensee/Kirchhof (Hrsg.), Handbuch des Staatsrechts der Bundesrepublik Deutschland, Bd. VIII, 3. Aufl. 2010, § 182 Rn. 144; *Frowein*, Die Überwindung von Diskriminierung als Staatsauftrag in Art. 3 Abs. 3 GG, in: Ruland/v. Maydell/Papier (Hrsg.), Verfassung, Theorie und Praxis des Sozialstaats: Festschrift für Hans F. Zacher, 1998, S. 157 ff.; *Krieger*, in: Schmidt-Bleibtreu/Hofmann/Henneke (Hrsg.), Grundgesetz, 14. Aufl. 2017, Art. 3 Rn. 14; *Baer/Markard*, in: v. Mangoldt/Klein/Starck, Grundgesetz, 7. Aufl. 2018, Art. 3 Rn. 425; *Peters/König*, Das Diskriminierungsverbot, in: Dörr/Grote/Marauhn (Hrsg.), EMRK/GG, Konkordanzkommentar, 2. Aufl. 2013, Kap. 21 Rn. 91; *Jarass/Pieroth*, Grundgesetz, 16. Aufl. 2020, Art. 3 Rn. 150; *Nußberger*, in: Sachs (Hrsg.), Grundgesetz, 9. Aufl. 2021, Art. 3 Rn. 237.

171 *Heun*, in: Dreier (Hrsg.), Grundgesetz, Bd. I, 3. Aufl. 2013, Art. 3 Rn. 139; *Langenfeld*, in: Maunz/Dürig, Grundgesetz, Bd. 1, Stand: 2015, Art. 3 Abs. 3

desverfassungsgericht hat sich in dieser Frage noch nicht positioniert, betont aber in der Entscheidung zur *Dritten Option*, dass der Zweck des Art. 3 Abs. 3 Satz 1 GG darin bestehe, Angehörige strukturell diskriminierungsgefährdeter Gruppen vor Benachteiligung zu schützen.[172] In einer Entscheidung im Rahmen einer arbeitsrechtlichen Streitigkeit um eine Kündigung aufgrund einer rassistischen Beleidigung nimmt eine Kammer des Bundesverfassungsgerichts zudem an, dass die einfachgesetzlichen Normen, die eine Pflicht des Arbeitgebers begründen, sein Personal vor rassistischen Anfeindungen zu schützen, „das verfassungsrechtliche Diskriminierungsverbot des Art. 3 Abs. 3 Satz 1 GG ausgestalten."[173]

Im Ergebnis spricht damit viel für die Ableitung einer staatlichen Schutzpflicht aus Art. 3 Abs. 3 Satz 1 GG, insbesondere aufgrund des auch vom Bundesverfassungsgericht betonten[174] engen Zusammenhangs zwischen Art. 3 Abs. 3 GG und der Menschenwürdegarantie, für die Art. 1 Abs. 1 Satz 2 GG ausdrücklich eine Schutzpflicht begründet.[175] Bekräftigt wird diese Annahme dadurch, dass auf der Ebene des universellen Völkerrechts[176] ebenso wie im Rahmen der

---

Rn. 83 ff.; *Kischel*, in: Epping/Hillgruber (Hrsg.), Beck'scher Online-Kommentar zum Grundgesetz, Stand: 15.2.2021, Art. 3 Rn. 210; *Britz*, Diskriminierungsschutz und Privatautonomie, VVDStRL 64 (2005), S. 355 (361 ff.); *Jestaedt*, Diskriminierungsschutz und Privatautonomie, VVDStRL 64 (2005), S. 298 (339 ff.).

172 BVerfGE 147, 1 (28).

173 BVerfG, Beschl. v. 2.11.2020, 1 BvR 2727/19, Rn. 19.

174 BVerfGE 144, 20 (207 f.); siehe ferner *Herdegen*, in: Maunz/Dürig, Grundgesetz, Bd. 1, Stand: 2009, Art. 1 Rn. 120; *Höfling*, in: Sachs (Hrsg.), Grundgesetz, 9. Aufl. 2021, Art. 1 Rn. 35.

175 Siehe in diesem Zusammenhang *Jarass/Pieroth*, Grundgesetz, 16. Aufl. 2020, Art. 1 Rn. 12; *Krieger*, in: Schmidt-Bleibtreu/Hofmann/Henneke (Hrsg.), Grundgesetz, 14. Aufl. 2017, Art. 3 Rn. 12; *Baer/Markard*, in: v. Mangoldt/Klein/Starck, Grundgesetz, 7. Aufl. 2018, Art. 3 Rn. 425; *Mager*, Diskussionsbeitrag, VVDStRL 64 (2005), S. 417; *Uerpmann-Wittzack*, Gleiche Freiheit im Verhältnis zwischen Privaten: Artikel 3 Abs. 3 GG als unterschätzte Verfassungsnorm, ZaöRV 68 (2008), S. 359 (367 f.).

176 Siehe insbesondere Art. 26 IPBPR; Human Rights Committee, General Comment No. 31 [80], The Nature of the General Legal Obligation Imposed on States Parties to the Covenant, CCPR/C/21/Rev.1/Add. 13 (2004), Rn. 8; Art. 2 Abs. 1 lit. d, Art. 4, Art. 5 lit. f ICERD; *Thornberry*, The International Convention on the Elimination of All Forms of Racial Discrimination: A Commentary, 2016, S. 162 f.

EMRK[177] Schutzpflichten im Zusammenhang mit Diskriminierungen fest etabliert sind.

Während Schutzpflichten den Staat dazu verpflichten, aktiv gegen diskriminierende Praktiken von Seiten Privater vorzugehen, adressieren positive Maßnahmen bestehende Benachteiligungen. Noch nicht geklärt ist allerdings, inwieweit jenseits des Diskriminierungsverbots ein verfassungsrechtliches Gebot zur aktiven Herstellung von Chancengleichheit besteht.

Jenseits von Art. 3 Abs. 2 GG[178] und Art. 3 Abs. 3 Satz 2 GG[179] wird eine *Pflicht*, mit entsprechenden Fördermaßnahmen auf die Beseitigung bestehender Benachteiligungen hinzuwirken, abgelehnt.[180] Damit ist allerdings noch keine Aussage dazu getroffen, inwiefern solche Maßnahmen *zulässig* sein können. Die pauschale Annahme ihrer verfassungsrechtlichen Unzulässigkeit[181] beruht dabei vielfach auf dem unzutreffenden Schluss von der fehlenden Pflicht auf die fehlende Berechtigung und wird der Komplexität des Art. 3 Abs. 3 GG nicht gerecht: Auf der Grundlage eines asymmetrischen Verständ-

---

177 EGMR, Urt. v. 6.7.2005, Beschwerde-Nr. 43577/98 und 43579/98, *Nachova u.a./Bulgarien*, Rn. 161; Urt. v. 31.5.2007, Beschwerde-Nr. 40116/02, *Šečić/Kroatien*, Rn. 66 ff.; Urt. v. 26. 7. 2007, Beschwerde-Nr. 55523/00, *Angelova und Iliev/ Bulgarien*, Rn. 115 ff.; Urt. v. 14.12.2010, Beschwerde-Nr. 74832/01, *Mižigárová/ Slowakei*, Rn. 119 ff.; zum Ganzen *Peters/König*, Das Diskriminierungsverbot, in: Dörr/Grote/Marauhn (Hrsg.), EMRK/GG, Konkordanzkommentar, 2. Aufl. 2013, Kap. 21 Rn. 88 ff.; ausführlich *Altwicker*, Menschenrechtlicher Gleichheitsschutz, 2011, S. 316 ff.

178 Dazu *Kingreen*, in: Bonner Kommentar zum Grundgesetz, Stand: 2020, Art. 3 Rn. 448 ff.; *Baer/Markard*, in: v. Mangoldt/Klein/Starck, Grundgesetz, 7. Aufl. 2018, Art. 3 Rn. 372 ff.

179 BVerfGE 151, 1 (24 f.).

180 *Langenfeld*, in: Maunz/Dürig, Grundgesetz, Bd. 1, Stand: 2014, Art. 3 Abs. 3 Rn. 91; *Nußberger*, in: Sachs (Hrsg.), Grundgesetz, 9. Aufl. 2021, Art. 3 Rn. 235; *Englisch*, in: Stern/Becker (Hrsg.), Grundrechte-Kommentar, 2. Aufl. 2016, Art. 3 Rn. 76; *Kingreen*, in: Bonner Kommentar zum Grundgesetz, Stand: 2020, Art. 3 Rn. 312; *Michael/Morlok*, Grundrechte, 7. Aufl. 2020, Rn. 821; *Britz*, Diskriminierungsschutz und Privatautonomie, VVDStRL 64 (2005), S. 355 (361); *Baer/Markard*, in: v. Mangoldt/Klein/Starck, Grundgesetz, 7. Aufl. 2018, Art. 3 Rn. 406; weitergehend *Jarass/Pieroth*, Grundgesetz, 16. Aufl. 2020, Art. 3 Rn. 150.

181 Siehe etwa *Majer/Pautsch*, „Positive Diskriminierung“ – Verfassungsrechtliche Zulässigkeit von „Migrantenquoten“ und Bevorzugung wegen Migrationshintergrundes beim Zugang zum öffentlichen Dienst, ZAR 2020, S. 414.

nisses des Diskriminierungsverbots, das dieses wertend[182] als Ausdruck materieller Gleichheit[183] und im Sinne eines Dominierungs-[184] bzw. Hierarchisierungsverbots[185] versteht, sind Maßnahmen zur Beseitigung überkommener, bestehender Ungleichheiten schon keine rechtfertigungsbedürftige Ungleichbehandlung und damit keine Diskriminierung im Sinne des Art. 3 Abs. 3 GG.

Auch wenn man die Diskriminierungsverbote des Art. 3 Abs. 3 GG als strikte Anknüpfungs- und Differenzierungsverbote versteht,[186] sind Bevorzugungen, die mit einer Benachteiligung anderer einhergehen,[187] nicht zwangsläufig unzulässig, sondern zunächst nur rechtfertigungsbedürftig. Ungleichbehandlungen im Rahmen von Art. 3 Abs. 3 GG lassen sich aber aufgrund kollidierenden Verfassungsrechts rechtfertigen.[188] Das Diskriminierungsverbot selbst ist dann die Rechtfertigungsgrundlage von Maßnahmen zum Abbau von Unterschieden und zum Nachteilsausgleich.[189]

---

182 *Michael/Morlok*, Grundrechte, 7. Aufl. 2020, Rn. 810 ff.; angedeutet auch bei *Langenfeld*, in: Maunz/Dürig, Grundgesetz, Bd. 1, Stand: 2015, Art. 3 Abs. 3 Rn. 26.

183 *Baer/Markard*, in: v. Mangoldt/Klein/Starck, Grundgesetz, 7. Aufl. 2018, Art. 3 Rn. 418 ff.; *Sacksofsky*, Was heißt: Ungleichbehandlung „wegen"?, in: Kempny/Reimer (Hrsg.), Gleichheitssatzdogmatik heute, 2017, S. 63 (66 ff.).

184 *Sacksofsky*, Das Grundrecht auf Gleichberechtigung, 2. Aufl. 1996, S. 306 ff.

185 *Baer*, Würde oder Gleichheit, 1995, S. 221 ff.

186 Siehe insbesondere *Sachs*, Die sonstigen besonderen Gleichheitssätze, in: Stern (Hrsg.), Staatsrecht der Bundesrepublik Deutschland, Bd. IV/2, 2011, S. 1702 (1743 ff.); *Sachs*, Besondere Gleichheitsgarantien, in: Isensee/Kirchhof (Hrsg.), Handbuch des Staatsrechts der Bundesrepublik Deutschland, Bd. VIII, 3. Aufl. 2010, § 182 Rn. 62 ff.; *Sachs*, Grenzen des Diskriminierungsverbots, 1987, S. 302 ff.; *Heun*, in: Dreier (Hrsg.), Grundgesetz, Bd. I, 3. Aufl. 2013, Art. 3 Rn. 119; *Kischel*, in: Epping/Hillgruber (Hrsg.), Beck'scher Online-Kommentar zum Grundgesetz, Stand: 15.2.2021, Art. 3 Rn. 211 ff.

187 Zur Zulässigkeit von Fördermaßnahmen im Übrigen *Langenfeld*, in: Maunz/Dürig, Grundgesetz, Bd. 1, Stand: 2015, Art. 3 Abs. 3 Rn. 30; *Heun*, in: Dreier (Hrsg.), Grundgesetz, Bd. I, 3. Aufl. 2013, Art. 3 Rn. 119.

188 BVerfGE 114, 357 (364); *Sachs*, Die sonstigen besonderen Gleichheitssätze, in: Stern (Hrsg.), Staatsrecht der Bundesrepublik Deutschland, Bd. IV/2, 2011, S. 1702 (1762 ff.); *Michael/Morlok*, Grundrechte, 7. Aufl. 2020, Rn. 818; *Boysen*, in: v. Münch/Kunig, Grundgesetz, 7. Aufl. 2021, Art. 3 Rn. 132; *Nußberger*, in: Sachs (Hrsg.), Grundgesetz, 9. Aufl. 2021, Art. 3 Rn. 246; *Langenfeld*, in: Maunz/Dürig, Grundgesetz, Bd. 1, Stand: 2015, Art. 3 Abs. 3 Rn. 30; im Ansatz anders *Kingreen*, in: Bonner Kommentar zum Grundgesetz, Stand: 2020, Art. 3 Rn. 435.

189 *Jarass/Pieroth*, Grundgesetz, 16. Aufl. 2020, Art. 3 Rn. 150 und Rn. 153; *Baer/Markard*, in: v. Mangoldt/Klein/Starck, Grundgesetz, 7. Aufl. 2018, Art. 3

Auch das Völker- und Unionsrecht spricht für die Zulässigkeit positiver Maßnahmen zur Beseitigung diskriminierungsbedingter Benachteiligungen. So erkennt der UN-Menschenrechtsausschuss an, dass Fördermaßnahmen (*affirmative action*) unter bestimmten Voraussetzungen notwendig sein können, um bestehende Benachteiligungen zu beseitigen.[190] Deutlicher verhält sich das Übereinkommen zur Beseitigung rassistischer Diskriminierung zur Zulässigkeit positiver Maßnahmen: Art. 1 Abs. 4 ICERD nimmt entsprechende Maßnahmen vom Anwendungsbereich des Diskriminierungsverbots aus und erklärt sie somit für zulässig.[191] Art. 2 Abs. 2 ICERD begründet darüber hinaus eine Pflicht der Vertragsstaaten, positive Maßnahmen zu ergreifen, „wenn die Umstände es rechtfertigen".[192] Maßgeblich hierfür sind bestehende Ungleichheiten, die in der besonderen Vulnerabilität und Marginalisierung ebenso wie in Praktiken der Ausgrenzung, tief verwurzeltem Rassismus und Praktiken mittelbarer Diskriminierung zum Ausdruck kommen können.[193]

Rn. 406; *Rüfner*, in: Bonner Kommentar, Stand: 1996, Art. 3 Abs. 2 und 3 Rn. 590 ff.; unter Rückgriff auf das Sozialstaatsprinzip *Groß*, Die Verfassungskonformität einer Quote für Eingewanderte, JZ 2021, *im Erscheinen*; aus dem zivilrechtlichen Schrifttum mit weiteren Nachweisen *Zimmer*, in: Däubler/Bertzbach (Hrsg.), Allgemeines Gleichbehandlungsgesetz, 4. Aufl. 2018, § 5 Rn. 9; *Baumgärtner*, in: Beck'scher Online Großkommentar, Stand: 1.3.2021, § 5 AGG Rn. 20 f.; kritisch *Langenfeld*, in: Maunz/Dürig, Grundgesetz, Bd. 1, Stand: 2015, Art. 3 Abs. 3 Rn. 74.

190 UN-Menschenrechtsausschuss, General Comment No. 18: Non-discrimination, CCPR/C/21/Rev.1/Add.1 (1989), Rn. 10.

191 Hierzu *Gragl*, in: Angst/Lantschner (Hrsg.), Internationales Übereinkommen zur Beseitigung jeder Form von Rassendiskriminierung, 2020, Art. 1 Rn. 33 ff.

192 CERD, General Recommendation No. 32, The meaning and scope of special measures in the International Convention in the Elimination of All Forms of Racial Discrimination, UN Doc. CERD/C/GC/32 (2009), Rn. 29 f.; *Kanalan*, in: Angst/Lantschner (Hrsg.), Internationales Übereinkommen zur Beseitigung jeder Form von Rassendiskriminierung, 2020, Art. 2 Abs. 2 Rn. 7 und Rn. 11; *Thornberry*, The International Convention on the Elimination of All Forms of Racial Discrimination, A Commentary, 2016, S. 227 f.; *Barskanmaz*, Recht und Rassismus, 2019, S. 228 f.

193 Siehe *Thornberry*, The International Convention on the Elimination of All Forms of Racial Discrimination, A Commentary, 2016, S. 229 mit Nachweisen aus der Praxis des CERD; siehe auch *Barskanmaz*, Recht und Rassismus, 2019, S. 227 ff.

Art. 5 lit. e) ICERD konkretisiert die Pflicht der Vertragsstaaten, gegen systemische und institutionelle Erscheinungsformen rassistischer Benachteiligung aktiv vorzugehen, weshalb wirtschaftliche, soziale und kulturelle Rechte wie das Recht auf Arbeit und das Recht auf Bildung frei von rassistischer Diskriminierung gewährleistet werden müssen. Der UN-Ausschuss betont in diesem Zusammenhang die Pflicht der Staaten zur effektiven Umsetzung dieser Verpflichtung, die sich nicht auf die Verhinderung aktiv diskriminierender Praktiken beschränkt, sondern die aktive Herstellung von Chancengleichheit in einem weiten Sinne umfasst.[194] Dementsprechend fordert der UN-Ausschuss die Mitgliedstaaten dazu auf, im Rahmen ihrer Berichtspflichten dazu Stellung zu nehmen, ob Angehörige geschützter Gruppen in bestimmten Berufen oder Tätigkeitsfeldern über- oder unterrepräsentiert sind.[195] In ähnlicher Stoßrichtung betont die Europäische Kommission gegen Rassismus und Intoleranz (ECRI) die Bedeutung gleichberechtigter Teilhabe aller Gruppen an der Arbeitswelt und die Notwendigkeit positiver Maßnahmen zur Förderung von Gleichbehandlung und Chancengleichheit.[196]

Auch der EGMR geht im Rahmen des Art. 14 EMRK davon aus, dass Ungleichbehandlungen gerechtfertigt sein können, um tatsächlich bestehende Benachteiligungen auszugleichen.[197] Und er geht sogar noch einen Schritt weiter, indem er anerkennt, dass Art. 14 EMRK von den Staaten unter bestimmten Umständen verlangt, dass

---

194 Siehe CERD, General Recommendation No. 20 (48) on Article 5, UN Doc. CERD/48/Misc. 6/Rev. 2 (1996), insb. Rn. 5.

195 CERD, Guidelines for the CERD-specific document to be submitted by States Parties under Article 9, paragraph 1, of the Convention, UN Doc. CERD/C/2007/1, S. 11; siehe auch ECRI, Allgemeine Politik-Empfehlung Nr. 14 über die Bekämpfung von Rassendiskriminierung und Rassismus in Beschäftigung und Beruf, CRI (2012) 48, Abs. 5 und Abs. 7.

196 ECRI, Allgemeine Politik-Empfehlung Nr. 14 über die Bekämpfung von Rassendiskriminierung und Rassismus in Beschäftigung und Beruf, CRI (2012) 48, insb. Abs. 5 und Abs. 7.

197 EGMR, Urt. v. 23.6.1968, Beschwerde-Nr. 1474/62 u.a., *Belgischer Sprachenfall*, S. 31; EGMR, Urt. v. 6.4.2000, Beschwerde-Nr. 34369/97, *Thlimmenos/Griechenland*, Rn. 44; *Altwicker*, Menschenrechtlicher Gleichheitsschutz, 2011, S. 387 ff. Die Präambel des von der Bundesrepublik noch nicht ratifizierten 12. Zusatzprotokolls erkennt ebenfalls explizit die grundsätzliche Zulässigkeit von Fördermaßnahmen an.

sie bestimmte Gruppen in besonderer Weise behandeln, um „faktische Ungleichheiten" auszugleichen:

> „Article 14 does not prohibit a member State from treating groups differently in order to correct ‚factual inequalities' between them; indeed in certain circumstances a failure to attempt to correct inequality through different treatment may in itself give rise to a breach of the Article."[198]

Auch wenn sich aus der Rechtsprechung bislang wenig konkrete Vorgaben ergeben,[199] erkennt der EGMR dem Grunde nach an, dass sich aus dem Diskriminierungsverbot eine Verpflichtung zu positiven Maßnahmen zugunsten von Gruppen und Personen, die von rassistischer Diskriminierung betroffen sind, ableiten lässt.[200]

Die Unionsgrundrechte statuieren hingegen keine explizite Verpflichtung zu positiven Maßnahmen. Aus Art. 23 Abs. 2 GRCh, der die Beibehaltung oder die Einführung spezifischer Vergünstigungen für das unterrepräsentierte Geschlecht als zulässig erachtet, lässt sich allerdings auch kein Umkehrschluss dergestalt ziehen, dass positive Maßnahmen im Hinblick auf andere Diskriminierungskategori-

---

198 EGMR, Urt. v. 12.4.2006, Beschwerde-Nr. 65731/01 and 65900/01, *Stec u.a./ Vereinigtes Königreich*, Rn. 51; bestätigt in EGMR, Urt. v. 29.6.2006, Beschwerde-Nr. 23960/02, *Zeman/Österreich*, Rn. 32; Urt. v. 13.11.2007, Beschwerde-Nr. 57325/00, *D.H. u.a./Tschechien*, Rn. 175; Urt. v. 29.1.2013, Beschwerde-Nr. 11146/11, *Horváth und Kiss/Ungarn*, Rn. 101.

199 So die Bewertung von *Peters/König*, Das Diskriminierungsverbot, in: Dörr/Grote/Marauhn (Hrsg.), EMRK/GG, Konkordanzkommentar, 2. Aufl. 2013, Kap. 21 Rn. 101.

200 So auch *Peters/König*, Das Diskriminierungsverbot, in: Dörr/Grote/Marauhn (Hrsg.), EMRK/GG, Konkordanzkommentar, 2. Aufl. 2013, Kap. 21 Rn. 101; *Meyer-Ladewig/Lehner*, in: Meyer-Ladewig/Nettesheim/v. Raumer (Hrsg.), Europäische Menschenrechtskonvention, 4. Aufl. 2017, Art. 14 Rn. 15; *Hofmann/ Malkmus*, in: Angst/Lantschner (Hrsg.), Internationales Übereinkommen zur Beseitigung jeder Form von Rassendiskriminierung, 2020, Kap. 2.2 Rn. 29; gegen die Annahme einer Verpflichtung zu positiven Maßnahmen *Sauer*, in: Karpenstein/Mayer (Hrsg.), Europäische Menschenrechtskonvention, 2. Aufl. 2015, Art. 14 Rn. 47; kritisch *Heyden/v. Ungern-Sternberg*, Ein Diskriminierungsverbot ist kein Fördergebot – Wider die neue Rechtsprechung des EGMR zu Art. 14 EMRK, EuGRZ 2009, S. 81 (86 ff.); *Langenfeld*, in: Maunz/Dürig, Grundgesetz, Bd. 1, Stand: 2015, Art. 3 Abs. 3 Rn. 33.

en unzulässig sein sollen.[201] Soweit Fördermaßnahmen zugunsten Angehöriger bestimmter Gruppen zu Benachteiligungen anderer Personen führen, kann die ausgleichende Zielsetzung solcher positiven Maßnahmen jedenfalls im Rahmen der Rechtfertigungsprüfung berücksichtigt werden.[202] Die EU-Antidiskriminierungs-Richtlinien erklären positive Maßnahmen ausdrücklich für zulässig. So bestätigt Art. 5 der Antirassismus-Richtlinie, dass der Gleichbehandlungsgrundsatz die Mitgliedstaaten nicht daran hindert, „zur Gewährleistung der vollen Gleichstellung in der Praxis spezifische Maßnahmen, mit denen Benachteiligungen aufgrund der Rasse oder ethnischen Herkunft verhindert oder ausgeglichen werden, beizubehalten oder zu beschließen." Damit erkennt die Richtlinie einerseits an, dass es in den Mitgliedstaaten auf rassistischer Diskriminierung beruhende strukturelle Benachteiligungen geben kann und gibt, und erklärt andererseits Maßnahmen, die darauf abzielen, diese zu verhindern oder auszugleichen, für zulässig. § 5 AGG setzt diese Vorgaben um. Vor diesem Hintergrund ist im zivilrechtlichen Diskurs weitgehend anerkannt, dass derartige positive Maßnahmen – auch verfassungsrechtlich – zulässig sind, wenngleich über Voraussetzungen und Grenzen diskutiert wird.[203]

c) Zulässigkeit von weiteren Maßnahmen im Zusammenhang mit Diversität

Gesetzliche Regelungen können allerdings nicht nur die Rahmenbedingungen aufstellen, sondern weitergehende Verpflichtungen zur Steigerung der Diversität beinhalten: So sieht etwa § 4 des Partizipa-

---

201 So auch *Graser/Reiter*, in: Schwarze/Becker/Hatje/Schoo (Hrsg.), EU-Kommentar, 4. Aufl. 2019, Art. 22 GRCh Rn. 11.

202 *Graser/Reiter*, in: Schwarze/Becker/Hatje/Schoo (Hrsg.), EU-Kommentar, 4. Aufl. 2019, Art. 22 GRCh Rn. 10; wohl auch *Schmahl*, Gleichheitsgarantien, in: Grabenwarter (Hrsg.), Europäischer Grundrechtsschutz, Enzyklopädie Europarecht, Bd. 2, 2014, § 15 Rn. 150.

203 Siehe *Thüsing*, in: Münchener Kommentar zum Bürgerlichen Gesetzbuch, Bd. 1, 8. Aufl. 2018, § 5 Rn. 7 ff.; *Zimmer*, in: Däubler/Bertzbach (Hrsg.), Allgemeines Gleichbehandlungsgesetz, 4. Aufl. 2018, § 5 Rn. 19 ff.; *Baumgärtner*, in: Beck'scher Online Großkommentar, Stand: 1.3.2021, § 5 AGG Rn. 28 ff.; *Grünberger*, Vielfalt durch Quote – Umgekehrte Diskriminierung zu Lasten des Leistungsprinzips?, NZA-Beilage 4/2012, S. 140 (142 ff.); *Mangold*, Demokratische Inklusion durch Recht, 2021, S. 290 ff.

tions- und Integrationsgesetzes des Landes Berlin Vorgaben für die gleichberechtigte Teilhabe und interkulturelle Öffnung der Institutionen der Landesverwaltung vor, die von der Betonung der Wichtigkeit interkultureller Kompetenz über Maßnahmen zur Erhöhung des Anteils der Beschäftigen mit Migrationshintergrund bis zum Ziel einer stärkeren Beteiligung von Vertreter:innen mit Migrationshintergrund in den Gremien aller Einrichtungen reichen.

2. Konsequenzen für das Rechtssystem

Das Diversitätsdefizit hat ganz konkrete Folgen für verschiedene Teilbereiche des Rechtssystems.

a) Defizite „farbenblinder" Rechtsanwendung

Rechtsanwendung ist allenfalls in einer utopischen Idealvorstellung ein neutraler, objektiver Vorgang. Sie wird unausweichlich von subjektiven und wertenden Präferenzen und Vorverständnissen beeinflusst.[204] Dies gilt für die Auslegung von Rechtsnormen[205] ebenso wie für die Ermittlung und Bewertung der relevanten Sachverhalte.[206] Auf beiden Ebenen der Rechtsanwendung können individuelle Wissens- und Erfahrungsbestände ebenso wie subjektive Präferenzen und Einstellungen entscheidungsrelevant werden.

Besonders deutlich wird die Relevanz der rechtsanwendenden Person und ihre Positioniertheit im Rahmen dogmatischer Figuren wie dem objektiven oder objektivierten Empfängerhorizont.[207] Wird dieser Maßstab allein von einer homogenen Gruppe von Jurist:innen

---

204 Siehe schon *Esser*, Vorverständnis und Methodenwahl, 1970; dazu *Haferkamp*, Zur Methodengeschichte unter dem BGB in fünf Systemen, AcP 214 (2014), S. 60 (85 ff.).

205 Nachweise bei *Payandeh*, Judikative Rechtserzeugung, 2017, S. 26 ff.

206 *Morlok*, Die vier Auslegungsmethoden – was sonst?, in: Gabriel/Gröschner (Hrsg.), Subsumtion, 2012, S. 179 (209); *Stegmaier*, Wissen, was Recht ist, 2009, S. 265 ff.; *Riedel*, Das Zurichten des Sachverhalts, in: Hof/v. Olenhusen (Hrsg.), Rechtsgestaltung – Rechtskritik – Konkurrenz von Rechtsordnungen, 2012, S. 430.

207 Siehe *Kocher*, Die Position der Dritten, JöR 67 (2019), S. 403 ff.; *Barnert*, Der eingebildete Dritte, 2008. Zum *reasonable man* im Common Law *Herbert*, Rechtsfälle – Linksfälle, 1992, S. 7 ff.

definiert und konturiert, besteht die Gefahr, dass die Fiktion des „objektiven Dritten“ auf eine Perspektive verengt wird, die nicht hinreichend sensibel für abweichende soziale Erfahrungen ist.

Ein erhöhtes Maß an Diversität in Rechtswissenschaft und Rechtspraxis eröffnet demgegenüber die Möglichkeit, die vielfältigen lebensweltlichen Erfahrungen diverser Akteur:innen mitzureflektieren und in die Rechtsauslegung und Rechtsanwendung einfließen zu lassen. Die damit verbundene Einsicht in ein unausweichliches Maß an Subjektivität und Kontingenz von Rechtsanwendung verlangt nach einer reflektierten Rechtsdogmatik.[208]

b) Fehlende Sensibilität im Rechtssystem für die Perspektiven von *People of Color*

Diversitätsdefizite werden praktisch relevant, wenn das Rechtssystem mit *People of Color* umgehen muss, weil diese als Opfer oder Tatverdächtige im Strafverfahren, als Partei im Zivilprozess oder sonst als Rechtssuchende auftreten.[209] Die nicht immer vorhandene Sensibilität sowohl für die rassistische Dimension von Straftaten als auch für mögliche diskriminierende institutionelle Praktiken in der Strafjustiz lässt sich auch auf das Fehlen entsprechenden Erfahrungswissens zurückführen.[210] Ein mangelndes Verständnis für Diskriminierungserfahrungen ist mit Händen zu greifen, wenn Gerichte die Eingriffsintensität oder gar Eingriffsqualität einer rassistisch diskriminierenden

---

208 Siehe *Sow*, How to Orient ~~Oneself in~~ White Jurisprudence: Universality, Race, and the Law, C4eJ 60 (2020); konkreter Vorschlag bei *Grünberger/Reinelt*, Konfliktlinien im Nichtdiskriminierungsrecht, 2020, S. 3 ff.

209 Eindrücklich *Sotomayor*, A Latina Judge’s Voice, Berkeley La Raza Law Journal 13 (2002), S. 87. In dem Beitrag zeigt – jetzt Justice – *Sotomayor*, dass und wie sich ihre selbstzugeschriebene Identität als Latina aufgrund der damit einhergehenden Perspektiverweiterung positiv auf ihre Tätigkeit als Richterin auswirken kann; im Kontext der Anwaltschaft im Vereinigten Königreich *Wilson*, In Black and White, 2020.

210 *Payandeh*, Die Sensibilität der Strafjustiz für Rassismus und Diskriminierung, DRiZ 2017, S. 322; siehe ferner *Stix*, Rassismuskritik in der Rechtswissenschaft, in: Bretthauer/Henrich/Völzmann/Wolckenhaar/Zimmermann (Hrsg.), Wandlungen im Öffentlichen Recht: Festschrift zu 60 Jahren Assistententagung – Junge Tagung Öffentliches Recht, 2020, S. 218 (227 ff.).

Identitätsfeststellung bezweifeln[211] oder wenn sie die kumulativen Erfahrungen rassistischer Diskriminierung nicht hinreichend ernst nehmen.[212]

Das hängt auch damit zusammen, dass wir Diskriminierung gegenüber Gruppen, denen wir uns selbst zugehörig fühlen, typischerweise überschätzen, während wir solche gegenüber Gruppen, denen wir uns nicht zugehörig fühlen, als nicht stark ausgeprägt empfinden (*self-serving bias*).[213] Entsprechende Verzerrungen in Wahrnehmung und Urteilen bergen das Risiko, dass Diskriminierungen durch Verwaltung und Justiz nicht als solche erkannt und geahndet werden, insbesondere wenn Angehörige der von Diskriminierung betroffenen Gruppen nicht oder kaum in Justiz und Verwaltung vertreten sind und auch sonst das Bewusstsein für dieses Problem kaum ausgeprägt ist.

c) Schwächung gesellschaftlichen Vertrauens in das Rechtssystem

In pluralistischen und diversen Gesellschaften läuft ein Rechtssystem, an dem nicht alle gesellschaftlichen Gruppen hinreichend personell mitwirken, mittel- und langfristig Gefahr, erhebliche Akzeptanz- und Legitimationsdefizite aufzuwerfen.[214] Mangelnde Partizipation von *People of Color* kann sich daher negativ auf das Funktionieren des Rechtssystems insgesamt auswirken. Der demokratische Verfassungsstaat und seine Institutionen basieren auf dem grundsätzlichen Vertrauen aller Bürger:innen in den Rechtsstaat und sein Funktionieren. Diversitätsdefizite und damit einhergehende Sensibilitätsverluste für

---

211 Siehe z.B. VG Koblenz Urt. v. 28.2.2012, 5 K 1026/11.KO; anders dann OVG Koblenz, Beschl. v. 29.10.2012, 7 A 10532/12.OVG, siehe Pressemitteilung 30/2012 v. 30.12.2012.

212 Dazu *Bartel/Liebscher/Remus*, Rassismus vor Gericht: weiße Norm und Schwarzes Wissen im deutschen Recht, in: Fereidooni/El (Hrsg.), Rassismuskritik und Widerstandsformen, 2017, S. 361 (377 f.).

213 *Heidhues/Köszegi/Strack*, Overconfidence and prejudice, Working Paper 2019, S. 2; vgl. dazu *Horowitz/Brown/Cox*, Race in America 2019, Pew Research Center, April 2019, S. 11.

214 Vgl. dazu aus dem angelsächsischen Kontext House of Lords, Judicial Appointments, 2012, Rn. 70 ff.; *Ifill*, Racial Diversity on the Bench: Beyond Role Models and Public Confidence, Washington & Lee Law Review 57 (2000), S. 405; *Sullivan*, The Power of Imagination: Diversity and the Education of Lawyers and Judges, UC Davis Law Review 51 (2018), S. 1105 (1139 ff.).

die Lebenswirklichkeit von *People of Color* im Rechtssystem können bestehende Berührungsängste, Vorurteile und Vertrauensverluste bestätigen und verstärken.[215] Adäquate Beteiligung schafft demgegenüber Nähe und Vertrautheit.[216] Haben Bürger:innen dagegen das Gefühl, der Rechtsstaat sei nicht für alle gleichermaßen zugänglich, kann das eine Entfremdung vom Staat und vom Recht begünstigen. Die geringe Bereitschaft, Straftaten mit einem rassistischen Hintergrund anzuzeigen, ist dafür ebenso Indiz wie die geringe Anzahl von Klagen, mit denen rassistische Diskriminierungen nach dem AGG geltend gemacht werden.[217] Fehlende Repräsentation kann insofern gesellschaftliche Spaltung und Desintegration begünstigen.

d) Folgen für juristische Lehre und Forschung

Man kann in Deutschland eine juristische Ausbildung erfolgreich durchlaufen, ohne ernsthaft mit Fragen von Diskriminierung einerseits oder Privilegien andererseits konfrontiert zu werden. Das ist problematisch, weil den künftig in Rechtspraxis und Rechtswissenschaft Tätigen diese Fragen als weder praktisch noch wissenschaftlich relevante Themen vorgestellt werden. Die Ausblendung birgt zudem die Gefahr, dass sich *People of Color* dem Studium entfremden, wenn sich ihre rechtlich relevante Lebenswirklichkeit darin überhaupt nicht widerspiegelt.[218] Homogen zusammengesetzte juristische Fakultäten tun sich schwer, den Jurist:innen von morgen hinreichend diverse Perspektiven auf rechtliche Fragen und juristische Fälle zu vermitteln.[219] Das Diversitätsdefizit der Lehrenden kann – wie die empirischen Befunde nahelegen – dazu beitragen, dass sich die fehlende Sensibilität für einen diskriminierungsfreien Umgang auch im Hochschulkontext negativ auswirkt. Stereotype in Lehre

215 House of Lords, Judicial Appointments, 2012, Rn. 70 ff.

216 *Solanke*, Where Are the Black Lawyers in Germany?, in: Eggers/Kilomba/Piesche/Arndt (Hrsg.), Mythen, Masken und Subjekte, 2005, S. 179.

217 Zu Durchsetzungsdefiziten des AGG *Grünberger/Reinelt*, Konfliktlinien im Nichtdiskriminierungsrecht, 2020, S. 90 ff.

218 Siehe im US-Kontext *Rhode*, In the Interests of Justice, 2000, S. 192 ff.

219 Siehe im US-Kontext *Sullivan*, The Power of Imagination: Diversity and the Education of Lawyers and Judges, UC Davis Law Review 51 (2018), S. 1105 (1139 ff.).

und Prüfungen gibt es nicht nur im Hinblick auf Gender-Fragen.[220] Systematischer Untersuchung harren etwa Klausursachverhalte, in denen „Ausländer“ als potentielle Straftäter in Erscheinung treten, ohne dass die Staatsangehörigkeit für die Fallbearbeitung relevant wäre.[221]

Das Diversitätsdefizit wirkt sich auch in der rechtswissenschaftlichen Forschung aus.[222] Fragen zur geschlechtlichen Gleichbehandlung etwa sind erst relativ spät in den Aufmerksamkeitshorizont der lange Zeit nahezu ausschließlich männlichen Rechtswissenschaft gelangt.[223] Es liegt deshalb nahe, die weitgehende Ausblendung von Rechtsfragen rund um Rassismus und rassistische Diskriminierung im rechtwissenschaftlichen Diskurs ähnlich zu erklären. Die traditionell spärlich gehaltenen Ausführungen zum Verbot der Diskriminierung aufgrund der „Rasse“ in den einschlägigen Kommentaren zu Art. 3 Abs. 3 GG[224] stützen diesen Befund ebenso wie die Nicht-

---

220 *Valentiner*, Gendersensibilität als Perspektive für die rechtswissenschaftliche Fachdidaktik, in: Astleitner/Deibl/Lagodny/Warto/Zumbach (Hrsg.), Rechtsdidaktik zwischen Theorie und Praxis, 2019, S. 154; *Lembke/Valentiner*, Diskriminierung und Antidiskriminierung in der juristischen Ausbildung, in: Bretthauer/Henrich/Völzmann/Wolckenhaar/Zimmermann (Hrsg.), Wandlungen im Öffentlichen Recht: Festschrift zu 60 Jahren Assistententagung – Junge Tagung Öffentliches Recht, 2020, S. 279 (291 ff.).

221 Vgl. „‚Der Schwarzafrikaner‘ im Jus-Lehrbuch“, Wiener Zeitung Online v. 16.6.2014 zu einem österreichischen Handbuch zum Nebenstrafrecht, in dem in sechs von elf Fällen die Herkunft der Täter:innen thematisiert wird, Drogendealer „Schwarzafrikaner“ und Schmuggler „polnische Staatsangehörige“ sind.

222 *Lembke/Valentiner*, Diskriminierung und Antidiskriminierung in der juristischen Ausbildung, in: Bretthauer/Henrich/Völzmann/Wolckenhaar/Zimmermann (Hrsg.), Wandlungen im Öffentlichen Recht: Festschrift zu 60 Jahren Assistententagung – Junge Tagung Öffentliches Recht, 2020, S. 279 ff.; *Towfigh*, #Ehrenmann: Gesellschaftliche Vielfalt in der Lehre, Verfassungsblog v. 23.7.2020.

223 Zur Entwicklung *Mangold*, Von Homogenität zu Vielfalt. Die Entstehung von Antidiskriminierungsrecht als eigenständigem Rechtsgebiet in der Berliner Republik, in: Duve/Ruppert (Hrsg.), Rechtswissenschaft in der Berliner Republik, 2018, S. 461; zum aktuellen Befund *Schultz/Böning/Peppmeier/Schröder*, De jure und de facto: Professorinnen in der Rechtswissenschaft, 2018.

224 *Stix*, Rassismuskritik in der Rechtswissenschaft, in: Bretthauer/Henrich/Völzmann/Wolckenhaar/Zimmermann (Hrsg.), Wandlungen im Öffentlichen Recht: Festschrift zu 60 Jahren Assistententagung – Junge Tagung Öffentliches Recht, 2020, S. 218 (224 f.).

thematisierung der deutschen Kolonial(rechts)geschichte[225] und die marginale Auseinandersetzung der deutschen Rechtswissenschaft mit der im US-amerikanischen Diskurs wirkmächtigen *Critical Race Theory*.[226] In diesem Sinne betont auch der Wissenschaftsrat den Zusammenhang zwischen der personellen Zusammensetzung der rechtswissenschaftlichen Institutionen und der rechtswissenschaftlichen Forschung und hebt hervor, dass eine höhere Diversität in der Rechtswissenschaft sowohl zur wissenschaftlichen Qualität als auch zu einer Erweiterung rechtswissenschaftlicher Perspektiven beitragen kann.[227]

e) Perspektive des juristischen Arbeitsmarkts

Diversität in der Rechtspraxis hat schließlich auch eine ökonomische Dimension. Die These, dass divers zusammengesetzte Teams wirtschaftlich erfolgreicher seien als homogene Gruppen,[228] wird zwar in Organisationspsychologie und Managementforschung kontrovers diskutiert[229] und fabriziert und perpetuiert essentialisierende und naturalistische Vorstellungen von typischem Verhalten etwa von

225 Siehe dazu jetzt v. Bernstorff/Dann/Feichtner (Hrsg.), (Post)Koloniale Rechtswissenschaft, 2021, *im Erscheinen*.

226 Siehe aber *Barskanmaz*, Rassismus, Postkolonialismus und Recht – Zu einer deutschen Critical Race Theory?, KJ 2008, S. 296; *Barskanmaz*, Recht und Rassismus, 2019, S. 14 ff.; *Liebscher*, Rasse im Recht – Recht gegen Rassismus, 2021, S. 31 ff., passim; mit Bezug auf Europa *Möschel*, Law, Lawyers and Race, 2014, S. 75 ff.

227 Siehe Wissenschaftsrat, Perspektiven der Rechtswissenschaft in Deutschland, 2012, S. 7 f. und S. 41 ff.

228 Zum „Business Case for Diversity" und seinen Grenzen *Rhode*, From Platitudes to Priorities: Diversity and Gender Equity in Law Firms, Georgetown Journal of Legal Ethics 24 (2011), S. 1041 (1060 ff.); *Wald*, A Primer on Diversity, Discrimination, and Equality in the Legal Profession or Who is Responsible for Pursuing Diversity and Why, Georgetown Journal of Legal Ethics 24 (2011), S. 1079 (1081 f.); Skepsis bei *Wilkins/Gulati*, Why Are There So Few Black Lawyers in Corporate Law Firms? An Institutional Analysis, California Law Review 84 (1996), S. 493 (514 ff.).

229 Überblick zur Forschung bei *Buengeler/Hohmann*, Diversity in Teams: Was macht diverse Teams erfolgreich?, in: Genkova/Ringeisen (Hrsg.), Handbuch Diversity Kompetenz, Band 1: Perspektiven und Anwendungsfelder, 2015, S. 663; *Gächter*, Diversity Management als Anti-Diskriminierungsstrategie, in: Scherr/El-Mafaalani/Yüksel (Hrsg.), Handbuch Diskriminierung, 2017, S. 657 (658 ff.); den Zusammenhang mit unternehmerischem Erfolg dagegen betonend McKinsey & Company, Diversity wins: How inclusion matters, 2020.

Frauen und Männern.[230] Gleichwohl gibt es Faktoren, die darauf hindeuten, dass Diversität und damit zusammenhängend Diversitätskompetenz sowie ein für Diversität offenes Arbeitsumfeld auch und gerade für die Rechtspraxis relevant sind. Es gibt belastbare Anhaltspunkte dafür, dass die Arbeitszufriedenheit mit einem guten Diversitätsmanagement ansteigt, wovon *alle* Beschäftigten profitieren.[231] Verzerrende Einstellungs- und Beförderungspraktiken sind zudem für Behörden, Kanzleien und Justiz nachteilig – und das nicht nur mit Blick auf die demographische Entwicklung, die den „*war for talent*“ zunehmend verschärft und den freiwilligen oder unfreiwilligen Verzicht auf Talente etwa aufgrund ihres Geschlechts oder ihrer Herkunft zu einem teuren Wettbewerbsnachteil macht. International tätige Anwaltskanzleien müssen Diversitätsdefizite vermeiden und umfassende Diversitätskonzepte umsetzen, um im Wettbewerb um Mandant:innen und Mitarbeiter:innen – zumal aus dem insoweit stärker sensibilisierten Ausland – mithalten zu können.[232]

3. Diversitätsforderungen als Handlungsgebot

Muss man sich auf Basis dieser Befunde aber nun eigentlich Gedanken über Maßnahmen zur Förderung bestimmter Gruppen machen? Immerhin ließe sich trefflich argumentieren, dass es sowohl unter rechtlichen Gesichtspunkten als auch mit Blick auf die Chancengleichheit und individuelle Gerechtigkeit genüge, diskriminierende Handlungen, die die juristischen Ausbildungschancen von *People of Color* womöglich beeinträchtigen, schlicht zu untersagen und alles

---

230 *Grünberger*, Geschlechtergerechtigkeit im Wettbewerb der Regulierungsmodelle, Rechtswissenschaft 2012, S. 1 (15 f.); *Krell*, Gender unter dem Dach Diversity: Eine Auseinandersetzung mit häufig geäußerten Einwänden, in: Hohmann-Dennhardt/Körner/Zimmer (Hrsg.), Geschlechtergerechtigkeit: Festschrift für Heide Pfarr, 2010, S. 147 (148).

231 Beauftragte der Bundesregierung für Migration, Flüchtlinge und Integration/Bundesinstitut für Bevölkerungsforschung, Kulturelle Diversität und Chancengleichheit in der Bundesverwaltung, 2020, S. 42.

232 Siehe hierzu beispielsweise den Open Letter to the Global Legal Community v. 30.9.2020 von den Leitungen der Rechtsabteilungen von zwölf internationalen Großbanken (https://www.jpmorganchase.com/news-stories/open-letter-to-diversity-in-the-legal-industry).

Weitere dem Markt und der freien Entscheidung privater Akteure oder dem Grundsatz der Bestenauslese (Art. 33 Abs. 2 GG) zu überlassen. Eine solche Sichtweise konzipiert Nichtdiskriminierungsgebote als Recht zur Wahrung von Chancengleichheit.[233] Dabei bleibt die zentrale gesellschaftliche Frage freilich unbeantwortet: Was bedeutet „Herstellung von Chancengleichheit", wenn man historisch bedingte und/oder sozial konstruierte ungleiche Ausgangsbedingungen mitberücksichtigt, die tatsächlich zu ungleichen Chancen führen?

Das grund- und menschenrechtliche Gleichheitsversprechen kann durchaus auf eine rein formal verstandene Pflicht zur Gleichbehandlung beschränkt werden. Dies war sogar lange Zeit das vorherrschende Gleichheitsverständnis. Dieses blendet alle weiteren Faktoren aus, die sich etwa für *People of Color* als potentielle Hindernisse einer juristischen Karriere darstellen. Solche Hindernisse aber können die Chancengleichheit beeinträchtigen und ziehen damit zugleich das rein formale Gleichheitsverständnis selbst in Zweifel.[234] Tatsächlich lassen sich, wie wir aufgezeigt haben,[235] zahlreiche derartige Hindernisse identifizieren. Unseres Erachtens ist die Lage bereits so dicht und hinreichend detailliert beschrieben, dass daraus ein Handlungsgebot resultiert.

---

233 Vertiefend zu den konkurrierenden Konzeptionen von Ergebnis- und Chancengleichheit *Grünberger*, Personale Gleichheit, 2013, S. 546 ff.

234 Ausführlich zur Kritik an rein formalen Gleichheitsverständnissen als Grundlage von Antidiskriminierungsrecht *Grünberger*, Personale Gleichheit, 2013, S. 710 ff.; *Mangold*, Demokratische Inklusion durch Recht, 2021, S. 7 f., 187 ff., insbes. 190 ff.; aus dem US-amerikanischen Kontext statt vieler *Pearce/Wald/Ballakrishnen*, Difference Blindness vs. Bias Awareness: Why Law Firms with the Best of Intentions Have Failed to Create Diverse Partnerships, Fordham Law Review 83 (2015), S. 2407; zur normativen Begründung des Erfordernisses gesteigerter Diversität in der juristischen Profession *Wald*, A Primer on Diversity, Discrimination, and Equality in the Legal Profession or Who is Responsible for Pursuing Diversity and Why, Georgetown Journal of Legal Ethics 24 (2011), S. 1079 (1101 ff.).

235 Ein weiteres Beispiel liefert auch die Auswertung sozialwissenschaftlicher Daten in der *dissenting opinion* von *Stephen Breyer* im Fall U.S. Supreme Court, Parents Involved In Community Schools v. Seattle School Dist. No. 1, 551 U.S. 701, 803–869 (2007) (Breyer, J., diss.).

V. Was können wir tun?

Die Feststellung, dass Rechtswissenschaft und Rechtspraxis ein Diversitätsdefizit in Bezug auf *People of Color* haben und dass dieses Defizit sich als problematisch erweist, wirft die Frage nach möglichen Maßnahmen zur Abhilfe auf. Damit wenden wir uns von der wissenschaftlichen Bestandsaufnahme, Analyse und Bewertung dem Bereich (rechts)politischer Vorschläge zu. Was also ist zu tun? Wir brauchen zunächst mehr Daten (1.). Hinsichtlich möglicher Diversitätsmaßnahmen gibt es bereits Wissensbestände und Praxiserfahrungen zur Gleichstellung, auf denen sich aufbauen lässt (2.). Schließlich kann auch die Förderung der inhaltlichen Diversifizierung in der Rechtswissenschaft zu mehr Diversität und damit zur Entwicklung eines perspektivenbereicherten Fachs beitragen (3.).

1. Notwendigkeit quantitativer und qualitativer empirischer Forschung

Zur Situation von *People of Color* im juristischen Studium, in der Rechtswissenschaft und in der juristischen Praxis gibt es – wie gesehen (oben III.1.c) – bisher noch zu wenig verlässliche qualitative und quantitative Daten. Wir gehen – ebenso wie der UN-Antirassismusausschuss sowie europäische Institutionen[236] – davon aus, dass diese auch in Deutschland mit der notwendigen methodischen Sensibilität erhoben werden können.[237]

---

236 Siehe zuletzt nur Fundamental Rights Agency, Equality in the EU 20 years on from the initial implementation of the equality directives, Opinion 1/2021, S. 63 ff.

237 Vgl. auch *Towfigh*, Der Umgang mit Empirie beim Nachweis von Diskriminierung, in: Mangold/Payandeh (Hrsg.), Handbuch Antidiskriminierungsrecht, 2021, *im Erscheinen*; *Soll*, Ethnische Bedenken, Verfassungsblog v. 30.9.2020 (auch zum Datenschutz). Konkrete Vorschläge in *Baumann/Egenberger/Supik*, Erhebung von Antidiskriminierungsdaten in repräsentativen Wiederholungsbefragungen, 2018, S. 11 und S. 83 ff.

Dabei ist ein Petitum der modernen Erforschung von Rassismusbetroffenheit die Maßgeblichkeit einer freiwilligen und anonymen Selbst-Identifikation:[238] Wer bezeichnet sich selbst als *Person of Color*, wer nimmt sich als schwarz, afro-deutsch oder deutsch-türkisch wahr? Diese Form der Datenerhebung wird bisher noch selten angewendet, wie eine Studie der Antidiskriminierungsstelle des Bundes belegt.[239] Wegen der mit dem Kriterium ‚Migrationshintergrund' als Stellvertretermerkmal für Rassismusbetroffenheit verbundenen Unschärfen[240] prüfen Bund und Länder[241] sowie Akteure der Zivilgesellschaft[242] verschiedene Ansätze zur zusätzlichen Datengewinnung auf freiwilliger Basis. Mögliche Kriterien für eine solche Datenerhebung sind neben der Freiwilligkeit die Nichtschädlichkeit für Individuen und Gruppen, eine Selbstauskunft, ein informiertes Einverständnis, die anonyme Partizipation in allen Phasen der Datenerhebung sowie die Einbeziehung von Intersektionalität, Mehrfachdiskriminierung und Mehrfachzugehörigkeiten.[243] Wesentlich ist zudem eine Einbeziehung der Betroffenen schon in der Phase des Studiendesigns.

Die von der Bundesregierung in Aussicht gestellte Studie zum Alltagsrassismus in Deutschland[244] ist ein erster Schritt, auf den sektorspezifische Untersuchungen folgen könnten. Ein weiteres im univer-

---

238 *Chopin/Farkas/Germaine*, Ethnic origin and disability data collection in Europe: Measuring inequality – combating discrimination, 2014, S. 64 ff.

239 *Baumann/Egenberger/Supik*, Erhebung von Antidiskriminierungsdaten in repräsentativen Wiederholungsbefragungen, 2018, S. 11 und S. 83 ff.

240 Dazu oben II.1.

241 23.–26. Bericht der Bundesrepublik Deutschland nach Artikel 9 des Internationalen Übereinkommens zur Beseitigung jeder Form von Rassendiskriminierung (ICERD), Juni 2020, Rn. 42.

242 Dazu neue deutsche organisationen (Hrsg.), Gleich ≠ gleich: Antidiskriminierungs- und Gleichstellungsdaten im Gespräch, 2017.

243 Siehe Landeshauptstadt München, Fachstelle für Demokratie (Hrsg.), Daten für die vielfältige Gesellschaft: Wie wir künftig Antidiskriminierungs- und Gleichstellungsdaten erfassen können. Dokumentation eines Fachgesprächs am 11.11.2019 in München, 2020, S. 6. Das entspricht in etwa internationalen Empfehlungen, siehe *Chopin/Farkas/Germaine*, Ethnic origin and disability data collection in Europe: Measuring inequality – combating discrimination, 2014, S. 64 ff.

244 Kabinettausschuss zur Bekämpfung von Rechtsextremismus und Rassismus, Maßnahmenkatalog v. 25.11.2020, Nr. 15; Kabinettausschuss zur Bekämpfung von Rechtsextremismus und Rassismus, Abschlussbericht v. 12.05.2021, S. 8, 31 ff.

sitären Kontext wichtiges Instrument ist der aktuelle Berichtszyklus der DFG zu „Forschungsorientierten Gleichstellungsstandards“, in dem ausdrücklich danach gefragt wird, wie Hochschulen mit dem Thema Vielfalt und Diversität umgehen.[245]

2. Gleichstellungsinstrumente als Grundlage einer modernen Nichtdiskriminierungs- und Diversitätspolitik

In der Debatte um die Gleichstellung von Frauen mit Männern und die Inklusion von behinderten Menschen sind eine Reihe von Instrumenten entwickelt worden, mit denen vor allem strukturelle Diskriminierung im Kontext von Bildung, Berufszugang und beruflichem Aufstieg adressiert werden kann.[246] Das Spektrum reicht von Gleichstellungsbeauftragten über Sensibilisierungs- und *Empowerment*-Maßnahmen bis hin zu Quoten. Diese Gleichstellungsinstrumente können für die spezifischen Diversitätsanforderungen von *People of Color* weiterentwickelt und situationsgerecht adaptiert werden. Das aber setzt zunächst eine bessere Datengrundlage voraus. Mit dem vorliegenden Überblick können wir daher zunächst nur mögliche Anknüpfungspunkte an die erprobten und teilweise bewährten Gleichstellungsinstrumente identifizieren. Es ist aber durchaus möglich, dass auf der Grundlage aussagekräftiger Daten auch neue oder überraschende Entdeckungen gemacht werden und sich herausstellt, dass einige der hier skizzierten Instrumente besser, andere dagegen überhaupt nicht auf die spezifische Situation von *People of Color* angewendet werden können.

Das von uns thematisierte Diversitätsanliegen ist nicht als *Alternative* zur klassischen Gleichstellungspolitik gedacht, sondern stellt vielmehr die gleichheitsrechtlich konsequente *Erweiterung* bekannter Ansätze auf vergleichbare Phänomene dar. Eine derartige Verknüpfung berücksichtigt zudem die intersektionale Dimension der Diskri-

245 Siehe https://www.dfg.de/foerderung/grundlagen_rahmenbedingungen/chancengleichheit/gleichstellungsstandards/.

246 Siehe speziell zu Maßnahmen zur Erhöhung des Frauenanteils in der Rechtswissenschaft *Schultz/Böning/Peppmeier/Schröder*, De jure und de facto: Professorinnen in der Rechtswissenschaft, 2018, S. 411 ff.

minierungserfahrungen von *People of Color*.[247] Weil man damit vielfach auch sozio-ökonomische Exklusionsfaktoren adressieren kann, profitieren davon nicht nur *People of Color*. Das Beispiel verdeutlicht ein Grundanliegen dieses Beitrags: Die Forderung nach mehr Diversität will die gleichberechtigte Teilhabe bislang exkludierter Menschen aufgrund von Gruppenzuschreibungen erreichen. Um es mit einer Metapher zu sagen: Wenn wir das Recht, seine Wissenschaft und seine Anwendung als ein Labor begreifen, dann geht es uns nicht darum, dass jede Gruppe ihr eigenes Labor bekommt, sondern darum, dass jede:r gleichberechtigten Zugang zum Gemeinschaftslabor hat, in dem wir alle über das Recht und seine Wissenschaft verhandeln.

a) Institutionalisierung von Diskriminierungsabbau

Ein wichtiges Gleichstellungsinstrument sind *Gleichstellungspläne*. Diese sind nach den Gleichstellungsgesetzen des Bundes und der Länder regelmäßig aufzustellen und müssen Maßnahmen und (finanzielle) Mittel zur Förderung der Gleichstellung, der Vereinbarkeit und des Abbaus der Unterrepräsentanz von Frauen vorsehen. Uns erscheint es bedenkenswert zu überlegen, ob und wie diese Instrumente für *People auf Color* erweitert werden können und sollten. Entsprechende Vorschläge werden bereits im politischen Raum diskutiert. So will das Land Berlin in der Novelle des Gesetzes zur Förderung der Partizipation in der Migrationsgesellschaft Förderpläne vorsehen, in denen erklärt werden soll, wie der Anteil von „Menschen mit Migrationshintergrund" auf allen beruflichen Ebenen entsprechend ihrem Anteil an der Bevölkerung Berlins in den Einrichtungen des Landes abgebildet werden kann.[248]

---

247 Zur Bedeutung intersektionaler Zugänge im Hochschul-Diversity-Management siehe *Kaufmann*, Intersectionality Matters! Zur Bedeutung der Intersectional Critical Diversity Studies für die Hochschulpraxis, in: Darowska (Hrsg.), Diversity an der Hochschule, 2019, S. 53.

248 Siehe Beauftragte des Senats für Integration und Migration, Eckpunktepapier zur Novelle des PartIntG v. 14.10.2020, S. 3; Beauftragte des Senats für Integration und Migration, Berliner Gesetz zur Förderung der Partizipation in der Migrationsgesellschaft (PartMigG) – die wesentlichen Punkte der Novellierung v. 16.2.2021; abrufbar unter https://www.berlin.de/lb/intmig/themen/partizipation-in-der-migrationsgesellschaft/.

Gleichstellungsbeauftragte sind an personalbezogenen Verfahren beteiligt und wirken mit organisatorischen und sozialen Maßnahmen darauf hin, Diskriminierungseffekte in Institutionen abzubauen. Sie haben oft nur schwache Mitentscheidungsrechte und Sanktionsbefugnisse, haben sich aber als Ansprechpersonen bei individuellen Diskriminierungserfahrungen und als Beobachtende der institutionellen Organisationskultur strukturell bewährt, um Veränderungsprozesse anzustoßen.[249]

Über Geschlecht und Behinderung hinaus hat eine institutionelle Verankerung von Diskriminierungsabbau beispielsweise in Hochschulen bisher nur vereinzelt stattgefunden.[250] *Diversity-Konzepte* werden in Unternehmen, Kanzleien, Verwaltung[251] und Hochschulen[252] erst nach und nach entwickelt und verankert.[253] Während ihre Einführung für (Bundes-)Behörden empfohlen wird,[254] sind sie in der Justiz noch nicht verbreitet.

Nur im Beschäftigungskontext ist die Einrichtung einer *Beschwerdestelle* nach § 13 AGG ausdrücklich vorgeschrieben. Eine Studie zur Umsetzung an Universitäten konstatiert, dass genaue Zahlen zur Umsetzung fehlen.[255] Dass die Anzahl der Kontakte und Beschwerdefälle dort jedenfalls bislang gering ist,[256] dürfte zumindest auch

---

249 Details bei *Berghahn/Schultz* (Hrsg.), Rechtshandbuch für Frauen- und Gleichstellungsbeauftragte, Stand: Sept. 2020.

250 Ein Überblick bei *Schlenzka/Stocker*, Diskriminierungsschutz als Teil von Diversity-Strategien an Hochschulen, in: Darowska (Hrsg.), Diversity an der Hochschule, 2019, S. 13.

251 Zum Stand in den Bundesbehörden: Beauftragte der Bundesregierung für Migration, Flüchtlinge und Integration/Bundesinstitut für Bevölkerungsforschung, Kulturelle Diversität und Chancengleichheit in der Bundesverwaltung, 2020.

252 Beispiele: Antidiskriminierungsstelle des Bundes, Diskriminierungsfreie Hochschule – Mit Vielfalt Wissen schaffen, Endbericht zum Projekt, 2020, S. 105 f., 108, 129 f.

253 Vgl. DFG, Die „Forschungsorientierten Gleichstellungsstandards" der DFG: Zusammenfassung und Empfehlungen 2020, 2020.

254 Beauftragte der Bundesregierung für Migration, Flüchtlinge und Integration/Bundesinstitut für Bevölkerungsforschung, Kulturelle Diversität und Chancengleichheit in der Bundesverwaltung, 2020, S. 47 f.

255 Antidiskriminierungsstelle des Bundes, Bausteine für einen systematischen Diskriminierungsschutz an Hochschulen, 2020, S. 9.

256 Antidiskriminierungsstelle des Bundes, Bausteine für einen systematischen Diskriminierungsschutz an Hochschulen, 2020, S. 9, 49–52 und 58.

an unklaren Zuständigkeiten liegen,[257] ferner an einer meist fehlenden institutionellen Verankerung, an Ressourcenknappheit und oft an einer unzureichenden Schulung der vorhandenen Stellen.[258] Nur rund die Hälfte dieser Stellen ist auch für Studierende zugänglich[259] – und das, obwohl diese ausdrücklich vom persönlichen und sachlichen Anwendungsbereich des speziellen europäischen Nichtdiskriminierungsrechts erfasst sind.[260] Besonders wichtig sind in diesem Zusammenhang universitätsweite Richtlinien zum Diskriminierungsschutz,[261] die ein faires Verfahren vorsehen, die Beschwerdebefugnis von Universitätsangehörigen ausdrücklich regeln und diese nicht von der eigenen Betroffenheit abhängig machen.[262]

Gegenüber solchen rein reaktiv tätigen Stellen erfordern Diversitäts-Konzepte auch proaktives Vorgehen. In Universitäten ist hierfür beispielsweise die Einrichtung einer beim Universitätspräsidium angesiedelten *Stabsstelle* für Nichtdiskriminierung, Gleichstellung und Vielfalt sowie von zentralen Antirassismusbeauftragten oder entsprechenden *Ombudspersonen* naheliegend.[263] Diese Aufgaben sollten allerdings eng mit den bestehenden Gleichstellungsstrukturen verknüpft und abgestimmt werden, um zu vermeiden, dass konkurrierende „Opferinstitutionen" geschaffen werden.

---

257 Die „Bedeutung klarer Beschwerdewege und Zuständigkeiten" wird betont in Beauftragte der Bundesregierung für Migration, Flüchtlinge und Integration/Bundesinstitut für Bevölkerungsforschung, Kulturelle Diversität und Chancengleichheit in der Bundesverwaltung, 2020, S. 47.

258 Details bei Antidiskriminierungsstelle des Bundes, Bausteine für einen systematischen Diskriminierungsschutz an Hochschulen, 2020, S. 48 f.

259 Antidiskriminierungsstelle des Bundes, Bausteine für einen systematischen Diskriminierungsschutz an Hochschulen, 2020, S. 42.

260 Dazu oben IV.1.a).

261 Antidiskriminierungsstelle des Bundes, Bausteine für einen systematischen Diskriminierungsschutz an Hochschulen, 2020, S. 26 ff.

262 Siehe beispielhaft die Antidiskriminierungs-Richtlinie der Universität Bayreuth (https://www.diversity.uni-bayreuth.de/de/antidiskriminierung/index.html) und die Antidiskriminierungsrichtlinie der Goethe-Universität Frankfurt a.M. (https://www.uni-frankfurt.de/80757763/Antidiskriminierungsrichtlinie.pdf).

263 Vgl. *Kelly*, Institutioneller Rassismus – was tun?! Strategiepapier für den Präsidenten der Humboldt-Universität zu Berlin, 2014; weitere Beispiele bei *Czok/Donges/Heinzelmann*, Diskriminierungsfreie Hochschule – Mit Vielfalt Wissen schaffen, 2012, S. 78 ff.

Darüber hinaus sollte man ergebnisoffen diskutieren, ob und wie die Nichtdiskriminierungs- und Diversitätskompetenz von Bewerber:innen ein *Einstellungskriterium* bei Verwaltungs- und wissenschaftlichen Stellen mit Personalverantwortung bzw. Verantwortung für Studienleistungen sein könnte.[264] Nachzudenken ist darüber, ob und inwieweit die Pseudonymisierung von Lebensläufen[265] bei der Einstellung von studentischen Hilfskräften und wissenschaftlichem Personal an Universitäten möglich ist, um an persönliche Daten anknüpfende Stereotype und *biases* möglichst weitgehend aus dem Einstellungsprozess auszuschließen.

b) Personalentscheidungen

Eine wesentliche Weichenstellung zur Diversitätssteigerung an Universitäten und Fakultäten sind *Personalentscheidungen*, für die die Gleichstellungsgesetze daher detaillierte Verfahrensvorgaben machen.[266] Die in Berufungsleitfäden[267] vorgesehenen Schritte zur Formalisierung, Dokumentierung und Erhöhung der Transparenz von Berufungsverfahren sollen verhindern, dass sich *biases* ungehindert auswirken können. Es dürfte sich lohnen darüber nachzudenken, wie man diese Vorgaben und Erfahrungen für die Gewinnung von *People of Color* adaptieren kann. Demselben Ziel dienen Regeln zur Repräsentation von Frauen in Evaluations-, Berufungs- und anderen

264 Vgl. § 4 Abs. 3 Satz 2 Partizipations- und Integrationsgesetz Berlin: „interkulturelle Kompetenz".

265 *Krause/Rinne/Zimmermann/Böschen/Alt*, Pilotprojekt „Anonymisierte Bewerbungsverfahren", Abschlussbericht, IZA Research Report No. 44, 2012; dazu auch *Döse*, Die anonyme Bewerbung und das Berliner Partizipations- und Integrationsgesetz. Zwei „positive Maßnahmen" auf dem Prüfstand, NZA Online Aufsatz 2/2012, S. 1.

266 Vgl. §§ 8–10 Landesgleichstellungsgesetz NRW zu Ausschreibung, Einladung zum Vorstellungsgespräch und Auswahlkriterien.

267 Vgl. etwa TU Dresden, Gendersensible Berufungsverfahren: Ein Leitfaden, Stand Januar 2020 (https://tu-dresden.de/tu-dresden/organisation/ressourcen/dateien/Gleichstellungsbeauftragte/gleichstellung-texte-und-downloads/leitfaden-gendersensible-berufung?lang=de). Siehe auch Wissenschaftsrat, Empfehlungen zur Ausgestaltung von Berufungsverfahren, 2005, Drs. 6709–05; allgemein dazu Hochschulrektorenkonferenz, Frauen fördern: Empfehlungen zur Verwirklichung von Chancengleichheit im Hochschulbereich, Empfehlungen des 209. Plenums der HRK v. 14.11.2006.

Kommissionen.[268] Dies führt freilich regelmäßig zu einer Überbelastung der wenigen Frauen mit Gremienarbeit, auf die (auch) nach Auffassung der DFG reagiert werden sollte.[269] Hier könnte man ebenfalls darüber nachdenken, wie sich diese Instrumente auf *People of Color* ausweiten ließen, wobei dem Problem der Überbeanspruchung durch Gremienarbeit gegebenenfalls Rechnung getragen werden muss. Das Ziel sollte auch hier eine Konzeption von Diversität als Sicherung der Binnenpluralität von Gremienentscheidungen sein; bei der näheren Ausgestaltung muss man konkurrierende und sich gegenseitig blockierende Strukturen unbedingt vermeiden.

Aktive Gewinnungsmaßnahmen für Frauen sind dann besonders erfolgreich, wenn sie möglichst früh ansetzen.[270] Diese Erfahrung lässt sich für die Gewinnung von *People of Color* für die Rechtswissenschaft und – modifiziert – auch die Rechtspraxis fruchtbar machen. Eine Unterrepräsentation von Frauen ist bereits ein Negativkriterium bei der Drittmittelvergabe;[271] daher könnte man darüber nachdenken, ob und wie sich entsprechende Anreize für ein breiteres Diversitätsverständnis setzen lassen. Das ist aufgrund der eingangs beschriebenen Datenlage alles andere als einfach. Es gibt aber auch niedrigschwelligere Methoden: Wer bei der Besetzung von Vortragsreihen oder von Konferenz-Panels, aber auch bei Anfragen für Kommentierungen oder Sammelbände bewusst darauf achtet, Diversität abzubilden und zu fördern, schafft gleichzeitig *Vorbilder* für den juristischen Nachwuchs.

Auch *Zielvorgaben* sind eine Möglichkeit, Vielfalt zu sichern. Sie schützen die davon Begünstigten vor Anpassungszwängen und schaffen damit Raum sowohl für personelle, aber auch für inhaltliche bzw. thematische Diversität.[272] Das Kaskadenmodell der DFG-

---

268 § 12 Landesgleichstellungsgesetz NRW.

269 Beispiel in *Czok/Donges/Heinzelmann*, Diskriminierungsfreie Hochschule – Mit Vielfalt Wissen schaffen, 2012, S. 90 f.; siehe auch DFG, Die „Forschungsorientierten Gleichstellungsstandards“ der DFG: Zusammenfassung und Empfehlungen 2020, 2020.

270 DFG, Die „Forschungsorientierten Gleichstellungsstandards“ der DFG: Zusammenfassung und Empfehlungen 2020, 2020, S. 4 ff.

271 Siehe DFG, Forschungsorientierte Gleichstellungsstandards der DFG, 2008.

272 *Grünberger*, Vielfalt durch Quote – Umgekehrte Diskriminierung zu Lasten des Leistungsprinzips?, NZA-Beilage 4/2012, S. 139 (145).

Gleichstellungsstandards[273] etwa sieht vor, auf jeder Qualifikationsebene das Geschlechterverhältnis der jeweils vorausgehenden Ebene anzustreben und hierdurch dem Problem der *leaky pipeline* entgegenzuwirken.[274] Auch hinsichtlich der Unterrepräsentanz von *People of Color* sollten sensibel gestaltete Zielvorgaben nicht vorschnell als verfassungswidrig[275] aus dem Instrumentenkasten der Politik entfernt werden.[276] „Das Leistungsprinzip“ lässt sich gegen solche Maßnahmen nicht ohne Weiteres mobilisieren, weil man zunächst begründen muss, welchen Begriff von Chancen- oder Ergebnisgleichheit man zugrunde legt.[277] Die Erfahrungen aus der intensiven Debatte um die Geschlechterquote haben auch gezeigt, dass es für die Frage der unions- oder verfassungsrechtlichen Beurteilung auf die konkrete Ausgestaltung der jeweiligen Quotenregelung ankommt.[278] Man müsste deshalb zunächst darüber nachdenken, ob, wie und in welcher konkreten Ausgestaltung „Quoten“ beim Zugang zur juristischen Ausbildung oder zu juristischen Berufen im Staatsdienst auch für andere Diskriminierungskategorien eine Rolle spielen könnten. Im Vergleich zum bislang personenstandsrechtlich einfach festzustellenden Geschlecht sind die hier einzubeziehenden Faktoren komplexer und vielschichtiger. Erst vor dem Hintergrund praktikabler Antworten kann die normative Frage, ob solche Quoten eingeführt

273 DFG, Die „Forschungsorientierten Gleichstellungsstandards“ der DFG: Umsetzung und Wirkungsweisen, 2017, S. 20 ff.

274 Zum Begriff oben III.1.c)(5).

275 Zu Diskussionen von „Migrantenquoten“ im öffentlichen Dienst ablehnend *Majer/Pautsch*, „Positive Diskriminierung“ – Verfassungsrechtliche Zulässigkeit von „Migrantenquoten“ und Bevorzugung wegen Migrationshintergrundes beim Zugang zum öffentlichen Dienst, ZAR 2020, S. 414; zur Gegenposition das von der Berliner Senatsverwaltung beauftragte Rechtsgutachten von *Liebscher*, Möglichkeiten zur Verbesserung der Chancen für Menschen mit Migrationshintergrund/Migrationsgeschichte durch eine Novellierung des PartIntG Berlin v. 10.12.2019; *Kanalan*, Weder revolutionär noch eine Besonderheit, Verfassungsblog v. 24.2.2021; *Groß*, Die Verfassungskonformität einer Quote für Eingewanderte, JZ 2021, *im Erscheinen*.

276 Vgl. Beauftragte der Bundesregierung für Migration, Flüchtlinge und Integration/Bundesinstitut für Bevölkerungsforschung, Kulturelle Diversität und Chancengleichheit in der Bundesverwaltung, 2020, S. 45.

277 *Grünberger*, Vielfalt durch Quote – Umgekehrte Diskriminierung zu Lasten des Leistungsprinzips?, NZA-Beilage 2012, S. 139 (144 f.).

278 Näher *Liebert*, Quotenregelungen im öffentlichen Dienst, 2017, S. 136 ff. und S. 167 ff.

werden sollen oder nicht, angemessen beantwortet werden. Dabei ist zu berücksichtigen, dass das Grundgesetz der Zulässigkeit von Fördermaßnahmen und Quoten nicht kategorisch entgegensteht.[279] Nicht nur das Unionsrecht, auch völkerrechtliche Regelungen stehen entsprechenden proaktiven Regulierungsansätzen, wie gezeigt, durchaus offen gegenüber.[280] Sie sind für die Bundesrepublik nicht nur völkerrechtlich verbindlich, sondern auch im Rahmen der Verfassungsauslegung zu berücksichtigen.[281]

c) Diversitätssensibilität

Bewährt haben sich Gleichstellungsmaßnahmen, die Geschlechtsdiskriminierung sichtbar machen und dadurch Aufmerksamkeit schaffen (*awareness raising*). Um die diskriminierenden Strukturen für *People of Color* in der Rechtswissenschaft und den juristischen Professionen aufzubrechen, ist es wichtig, dass sich die Akteure in diesen Systemen der Auswirkungen bestimmter gängiger Verhaltensmuster und institutioneller Arrangements bewusst sind. Dann nämlich können sie entscheiden, ob und wie sie diese verändern wollen. Datenerhebungen leisten dazu einen wichtigen Beitrag. Sie sollten ergänzt werden durch Angebote, die den Einzelnen helfen, ihr Verhalten mit den zu beobachtenden Effekten zu verbinden und Alternativen zu entwickeln. Die Maßnahmen sollten allerdings auf inklusive und partizipative Prozesse ausgerichtet werden, damit sie weder an den

---

279 Zu eng *Majer/Pautsch*, „Positive Diskriminierung" – Verfassungsrechtliche Zulässigkeit von „Migrantenquoten" und Bevorzugung wegen Migrationshintergrundes beim Zugang zum öffentlichen Dienst, ZAR 2020, S. 414.

280 Dazu oben IV.1.b).

281 Zu den – differenziert zu bewertenden – Konsequenzen der völkerrechtlichen Vorgaben für die innerstaatliche Rechtslage im Einzelnen *Payandeh*, Positive Verpflichtungen im Zusammenhang mit verfassungsrechtlichen Diskriminierungsverboten, Rechtswissenschaftliche Analyse zum Entwurf eines Gesetzes zur Änderung des Grundgesetzes (BT-Drs. 19/24434 vom 18. November 2020) im Hinblick auf eine Ergänzung von Art. 3 Abs. 3 GG zum Schutz gegen gruppenbezogene Menschenwürdeverletzungen, erstellt im Auftrag der Fraktion BÜNDNIS 90/DIE GRÜNEN im Deutschen Bundestag v. 18.4.2021, S. 25 f. und S. 46 ff.; allgemein zur verfassungsrechtlichen Bedeutung völkerrechtlicher Vorgaben BVerfGE 111, 307 (317 ff.); 128, 326 (367 ff.); 137, 273 (320 f.); 141, 1 (29 f.); 148, 296 (351); ausführlich zum Ganzen *Sauer*, Staatsrecht III, 6. Aufl. 2020, § 6 Rn. 40.

Betroffenen vorbei und über sie hinweg entwickelt und implementiert werden, noch von den Adressierten als oktroyierte Zwangsmaßnahmen wahrgenommen werden.

Gender-Trainings werden bereits jetzt häufig zu *Diversity-Trainings* ausgebaut. Sie adressieren (möglicherweise unreflektierte) Stereotype und zeigen, welche Verhaltensweisen diskriminierende Effekte haben und wie sie im eigenen Verhalten vermieden werden können.[282] Dort geht es nicht zuletzt um unreflektierte, vermeintlich harmlose oder sogar gut gemeinte Äußerungen oder Handlungen,[283] wie die Frage nach der Herkunft bzw. „eigentlichen" Herkunft, das ungefragte Berühren der Haare, Lob von Deutschkenntnissen oder die gedankenlose Nutzung eines für die Adressat:in beleidigenden Vokabulars. Solche Trainings machen auch das Zusammenwirken der unterschiedlichen Diskriminierungsachsen, also ihre Intersektionalität, in unterschiedlichen sozialen Kontexten sichtbar. Sie könnten integraler Bestandteil des Fortbildungsprogramms an Hochschulen oder in Behörden, aber auch in der Anwaltschaft sein.

Auch Dialog-Formate können Sensibilität fördern. Fakultäten, Anwaltschaft, Justiz, Prüfungsämter und Justizministerien könnten Foren schaffen, in denen Akteure aus der Zivilgesellschaft und/oder betroffene bzw. engagierte Studierende, Referendar:innen oder Berufsangehörige über Diskriminierungserfahrungen und von ihnen beobachtete Exklusionseffekte sprechen. Wichtig ist aber, dass potentiell Diskriminierungsbetroffene nicht gegen ihren Willen in die Verantwortung genommen werden, rassistische Diskriminierung zu beseitigen. Das ist unsere gemeinsame Aufgabe.

d) Empowerment für das Jurastudium

Die Erfahrungen aus der Frauenförderung belegen, dass mit einer Stärkung der Betroffenen (*empowerment*) strukturellen Diskriminie-

---

282 Zur Diskussion um die Wirkungen von Diversitäts-Training *Gächter*, Diversity Management als Anti-Diskriminierungsstrategie, in: Scherr/El-Mafaalani/Yüksel (Hrsg.), Handbuch Diskriminierung, 2017, S. 657 (671 ff.); skeptische Einschätzung unter Verweis auf empirische Untersuchungen bei *Magen*, Verhaltenswissenschaftliche Aspekte des Antidiskriminierungsrechts, in: Mangold/Payandeh (Hrsg.), Handbuch Antidiskriminierungsrecht, 2021, *im Erscheinen*.

283 Dazu oben III.2.d).

rungseffekten entgegengewirkt werden kann. *Mentoring-Programme* schaffen einen geschützten Raum, um sich von erfahrenen (im bisherigen Kontext: weiblichen) Vorbildern Rat einzuholen und über Strategien im Umgang mit Diskriminierung zu sprechen.[284] Solche Programme adressieren inzwischen auch die Schichtzugehörigkeit.[285] Dies ließe sich auf *People of Color* ausweiten.[286] Erste Ansätze gibt es bereits, wie etwa das Mentoring-Programm der Deutschlandstiftung Integration.[287] Darauf aufbauend ließen sich Mentoring-Programme speziell für die rechtswissenschaftliche Ausbildung sowie den juristischen Karriereweg entwickeln.

Sprech- und Bewerbungstrainings richten sich auf sozialisationsbedingte Verhaltensweisen und Unsicherheiten, die sich beruflich nachteilig auswirken können, weil sie nicht der (etwa männlichen) Norm entsprechen. Denkbar ist beispielsweise eine Erweiterung um Angebote zum für den Erfolg im Jurastudium entscheidenden Gebrauch der Hochsprache, der Studierenden aus bildungsfernen Schichten oder mit nichtdeutscher Erstsprache tendenziell schwerer fällt;[288] auch Vorbereitungskurse für das Jurastudium sind erwägenswert.[289] Hiervon würden – und das ist der Charme solcher Ansätze –

---

284 Beispielhaft das Justitia Mentoring in Freiburg (https://www.jura.uni-freiburg.de/de/einrichtungen/justitia-mentoring/startseite).

285 Beispielhaft die Programme der Stiftung Arbeiterkind (https://www.arbeiterkind.de); das Programm „Chance hoch 2“ der Universität Duisburg-Essen (https://www.uni-due.de/chancehoch2); siehe zudem *Czok/Donges/Heinzelmann*, Diskriminierungsfreie Hochschule – Mit Vielfalt Wissen schaffen, 2012, S. 99.

286 Siehe *Czok/Donges/Heinzelmann*, Diskriminierungsfreie Hochschule – Mit Vielfalt Wissen schaffen, 2012, S. 92, 94 f. und S. 96; vgl. die Empfehlungen in Beauftragte der Bundesregierung für Migration, Flüchtlinge und Integration/Bundesinstitut für Bevölkerungsforschung, Kulturelle Diversität und Chancengleichheit in der Bundesverwaltung, 2020, S. 45 f.

287 Siehe dazu https://www.deutschlandstiftung.net.

288 Vgl. *Czok/Donges/Heinzelmann*, Diskriminierungsfreie Hochschule – Mit Vielfalt Wissen schaffen, 2012, S. 69.

289 Die DuCS 2019-Studie empfiehlt für die Bundesverwaltung Vorbereitungskurse sowie die Förderung von Weiterbildungen für unterrepräsentierte Beschäftigte mit Migrationshintergrund, Beauftragte der Bundesregierung für Migration, Flüchtlinge und Integration/Bundesinstitut für Bevölkerungsforschung, Kulturelle Diversität und Chancengleichheit in der Bundesverwaltung, 2020, S. 46; vgl. auch *Czok/Donges/Heinzelmann*, Diskriminierungsfreie Hochschule – Mit Vielfalt Wissen schaffen, 2012, S. 103.

nicht nur *People of Color* profitieren, sondern wir würden eine breite, viele treffende Zugangsschranke zum Jurastudium abbauen.

Bewährt hat sich mit Blick auf Frauen schließlich die *gezielte Ansprache* (*recruiting*) für Studiengänge und prestigeträchtige Berufsfelder, in denen sie unterrepräsentiert sind, etwa in den MINT-Fächern oder beim rechtswissenschaftlichen Nachwuchs auf Post-Doc-Ebene. Auch dies lässt sich weiterdenken. Rechtswissenschaftliche Fakultäten könnten gezielt an besonders diversen Schulen um Studierende werben[290] und dem exklusiven Ruf des juristischen Studiums entgegenwirken. Hierzu können auch Kanzleien mit ihren Außendarstellungen beitragen. Weil Hochschuleingangsgespräche für Personen aus bildungsfernen Schichten – darunter viele *People of Color* – abschreckend wirken können,[291] ist es wichtig, dass sie von Personen geführt werden, die dafür sensibilisiert sind. Gerade in der Studieninformationsphase senken Hinweise auf Finanzierungsmöglichkeiten für das Studium und diesbezügliche Beratungsangebote mögliche Zugangsbarrieren.[292] Solche Maßnahmen sind auf die Promotions- und die Postdoc-Phase übertragbar.[293]

Denkbar ist schließlich, *selbstorganisierte Gruppen* mit universitären Mitteln zu unterstützen, um Räume für *People of Color* (ggf. gemeinsam mit anderen Universitätsangehörigen) zu schaffen, die zu Reflexion, Bewusstseinsbildung und der konstruktiven Arbeit an passgenauen Lösungen einladen. In einem solchen Rahmen könnten die Betroffenen selbst entscheiden, welche und wie sie strukturelle Ausschlüsse adressieren wollen.

e) Evaluation und Monitoring

Alle diversitätsfördernden Maßnahmen sollten einem dauerhaften Monitoring unterliegen und regelmäßig kritisch evaluiert werden. In diesem Rahmen durchgeführte Studien können darüber hinaus den

---

290 *Czok/Donges/Heinzelmann*, Diskriminierungsfreie Hochschule – Mit Vielfalt Wissen schaffen, 2012, S. 69.

291 Vgl. *Czok/Donges/Heinzelmann*, Diskriminierungsfreie Hochschule – Mit Vielfalt Wissen schaffen, 2012, S. 31.

292 *Czok/Donges/Heinzelmann*, Diskriminierungsfreie Hochschule – Mit Vielfalt Wissen schaffen, 2012, S. 68.

293 *Czok/Donges/Heinzelmann*, Diskriminierungsfreie Hochschule – Mit Vielfalt Wissen schaffen, 2012, S. 69–72.

bisher geringen Forschungsstand verbessern.[294] Zusätzlich erscheint ein aktiver Austausch der Fakultäten und universitären, behördlichen und justiziellen Personalabteilungen oder von Kanzleien über *best practices* – nicht nur untereinander, sondern auch etwa mit Organisationen migrantischer Personengruppen[295] – empfehlenswert.

3. Öffnung in Forschung und Lehre

Der Wissenschaftsrat verlangt in seinen Empfehlungen zu den Perspektiven der Rechtswissenschaft in Deutschland, „dass die Rechtswissenschaft ihre personelle und institutionelle Diversität sowie die Vielfalt ihrer fachlichen Perspektiven erhöht."[296] Wir teilen seine Einschätzung, wonach ein divers zusammengesetztes wissenschaftliches Personal die Perspektivenvielfalt erleichtert, die wesentliche Voraussetzung für qualitativ hochwertige Forschung ist.[297] Darin sehen wir ein wichtiges Ziel unseres Plädoyers für Diversität. Neben dem Abbau von Exklusionsmechanismen trägt auch und gerade eine damit verbundene inhaltliche Perspektiverweiterung zur Diversifizierung der Rechtswissenschaft bei.[298] Die damit korrelierende Pluralisierung von Themen und Zugängen in Forschung und Lehre ist ein Gewinn für die ganze Rechtswissenschaft. Das gilt übrigens ganz besonders für die praktisch wichtigsten Gatekeeper in der (Rechts-)Wissenschaft: Herausgeberkreise und Schriftleitungen von wissenschaftlichen Zeitschriften haben mit Blick auf die jüngsten Erfahrungen

---

294 Beauftragte der Bundesregierung für Migration, Flüchtlinge und Integration/ Bundesinstitut für Bevölkerungsforschung, Kulturelle Diversität und Chancengleichheit in der Bundesverwaltung, 2020, S. 46: „bedarf es der Begleitforschung und der Evaluation spezifischer Maßnahmen."

295 Beauftragte der Bundesregierung für Migration, Flüchtlinge und Integration/ Bundesinstitut für Bevölkerungsforschung, Kulturelle Diversität und Chancengleichheit in der Bundesverwaltung, 2020, S. 48, für die Bundesverwaltung.

296 Wissenschaftsrat, Perspektiven der Rechtswissenschaft in Deutschland, 2012, S. 7.

297 Vgl. Wissenschaftsrat, Perspektiven der Rechtswissenschaft in Deutschland, 2012, S. 8.

298 Pointiert *v. Bogdandy/Peters*, Editorial, ZaöRV 81 (2021), S. 1 (6): „Diversity in scholarship means less consensus, more histories, more differences of opinion, and more discursive and substantive engagement."

allen Anlass darüber nachzudenken, wie sie die Perspektivenvielfalt auch als Instrument einer Qualitätskontrolle implementieren.[299]

Mehr Diversität zu wagen ist für die Rechtswissenschaft auch wichtig, um thematische Verkürzungen zu vermeiden und zu einer Erweiterung der wissenschaftlichen Perspektive(n) beizutragen: Es gibt Themen, die für juristisch Publizierende aufgrund von Faktoren wichtig sind, „die in der Rechtswissenschaft eher als ‚privat' angesehen werden: Herkunft, Geschlecht, Lebensform und juristische Sozialisation strukturieren unser Denken auf spezifische Weise mit."[300] Diese Aufzählung inkludiert *People of Color* mit den dafür genuinen Perspektiven, Erfahrungshorizonten und Artikulationsmöglichkeiten.

Gleichwohl herrscht noch häufig die problematische Vorstellung, dass es in der Rechtswissenschaft die Möglichkeit eines „objektiv-neutralen", vom subjektiven Vorverständnis völlig entkoppelten Zugangs zu juristischen Fragestellungen gibt. Gesellschaftlich besonders umstrittene Themen, die sich diesem (vermeintlich) objektiven Zugriff entziehen, werden nicht selten als genuin *rechtswissenschaftliche* Fragestellungen delegitimiert, indem unterstellt wird, es handele sich um von rechtspolitischen Zielen getriebene und deswegen nicht mehr wissenschaftliche Beiträge. Daraus entsteht für viele Schreibende ein Problem: Können sie sich beispielsweise als Angehörige einer vom AGG erfassten Minderheit mit Gleichheitsfragen und Nichtdiskriminierungsrecht befassen, ohne dass eine progressive Konzeption als vermeintlich im eigenen Interesse liegend (*pro domo*) und damit politisch verstanden und nicht mehr wissenschaftlich rezipiert wird?[301]

Dieses Problem hat zwei Facetten: Die Wissenschaft als solche wird ärmer, wenn Forschenden abgeraten wird – oder in ihrem ei-

---

299 Siehe dazu auch die selbstkritische Stellungnahme von *Jacobs/Schubert*, Man wird doch wohl noch sagen dürfen … – Nein!, NZA 2021, S. 233 f.

300 *Baer*, Verfassungsvergleichung und reflexive Methode: Interkulturelle und intersubjektive Kompetenz, ZaöRV (64), 2014, S. 735 (736).

301 *Michael Grünberger* hat das in seiner Habilitationsschrift zu einer „Vorbemerkung" veranlasst, *Grünberger*, Personale Gleichheit, 2013, S. 61 ff.; am Beispiel der verschiedenen Betroffenheiten in der Corona-Pandemie adressiert diese Frage auch *Mangold*, Relationale Freiheit. Grundrechte in der Pandemie, VVDStRL 80 (2021), *im Erscheinen*.

genen Interesse vielleicht sogar abgeraten werden muss –, zu einer bestimmten Frage in einer bestimmten Weise zu publizieren, weil das als „subjektiv gefärbte Wissenschaft“ verstanden werden und sie in ihrer akademischen Karriere beeinträchtigen könnte. Vielleicht noch gefährlicher ist die „Schere im Kopf“ der Autor:in, die sich als *Person of Color* bewusst entscheidet, nicht über ein Thema zu publizieren, weil sie befürchtet, sonst in der Rechtswissenschaft als jemand wahrgenommen zu werden, „die über eigene Themen schreibt“ und damit einen „Opfer- oder Betroffenendiskurs“ bediene. Konkret geht es um Forschungsthemen, in denen ein veränderter Blick für Verschiebungen sorgen kann, beispielsweise[302] auf die bislang unzulänglich untersuchten Nach- und Fernwirkungen des Kolonialismus im deutschen Recht,[303] etwa in aktuellen Debatten um die Restitution afrikanischer Kunst,[304] im modernen Staatsbürgerrecht[305] oder im Umgang mit *racial profiling* im Polizeirecht[306].

Das führt Forschende *of Color* in eine dilemmatische Situation: Verzichten sie deshalb darauf, solche Themen zu bearbeiten, obwohl diese sie eigentlich interessieren – was nur sie und niemand anderes zu entscheiden hat –, gehen der Rechtswissenschaft insgesamt wichtige Stimmen verloren, die den Diskurs bereichern könnten. Das verengt die „Vielfalt ihrer Forschungsperspektiven“[307] und beschränkt ihr Potential, eine kreative und innovative Forschung zu betreiben, die etablierte Positionen herausfordert. Es liegt im ureigensten Interesse der Rechtswissenschaft als Wissenschaftsdisziplin, diese Engführung zu vermeiden. Dass damit der Begründungsaufwand für tradier-

302 Weitere Beispiele bei *Sow*, Was „weiße“ Rechtswissenschaft jetzt tun kann, Verfassungsblog v. 11.6.2020.

303 Siehe jetzt *v. Bernstorff/Dann/Feichtner* (Hrsg.), (Post)Koloniale Rechtswissenschaft, 2021, *im Erscheinen.*

304 Vgl. dazu *Savoy*, Die Provenienz der Kultur, 2018.

305 Dazu historisch *Conrad*, Regimes der Segregation. Kolonialismus, Recht und Globalisierung, Rechtsgeschichte 4 (2004), S. 187 und generell *Hanschmann*, Die Suspendierung des Konstitutionalismus im Herz der Finsternis. Recht, Rechtswissenschaft und koloniale Expansion des Deutschen Reiches, KJ 2012, S. 144.

306 Dazu *Tischbirek*, Diskriminierungsschutz in der Gefahrenabwehr, in: Mangold/Payandeh (Hrsg.), Handbuch Antidiskriminierungsrecht 2021, *im Erscheinen*; *Singelnstein*, Predictive Policing: Algorithmenbasierte Straftatprognosen zur vorausschauenden Kriminalintervention, NStZ 2018, S. 1.

307 Vgl. Wissenschaftsrat, Perspektiven der Rechtswissenschaft in Deutschland, 2012, S. 47.

te Standpunkte steigt, ist kein Nebeneffekt, sondern der Beleg dafür, dass der wissenschaftliche Diskurs funktioniert.

„Diversität" sollte dabei freilich nicht als exklusiver Zuweisungsanspruch von Themen missverstanden werden. So wichtig es ist, dass Arbeiten mit dem spezifischen Blick von *People of Color* als gleichberechtigten Stimmen in den wissenschaftlichen Diskurs eingeführt werden, so problematisch wäre es für eine pluralistische Rechtswissenschaft, wenn das mit einer andere ausschließenden Deutungshoheit oder neuen Diskurshierarchien hinsichtlich entsprechender Themen gekoppelt würde. Wir würden damit die gerade erst gewonnene Stimmenpluralität wieder aufs Spiel setzen. Diversität bedeutet immer auch Perspektivenvielfalt. So wäre es ein wichtiger Schritt, wenn gerade etablierte Wissenschaftler:innen, die sich diesen Themen nähern, aktiv *People of Color* suchen und einbinden würden, die sich auch mit diesen Fragen beschäftigen. Die dadurch ermöglichte persönliche Diversität befördert dann wissenschaftliche Vielfalt. Dies gilt freilich auch für alle anderen Themengebiete, erst recht aber für Themen, bei denen eigene Erfahrungen in besonderer Weise die wissenschaftliche Fragestellung und Perspektive prägen und bereichern können.

Mehr Diversität wagen sollten wir auch in der Lehre. Das gilt sowohl für die Inhalte (Beispiel: verstärkte Behandlung des Nichtdiskriminierungsrechts) als auch für die Form. Es wäre schon einiges erreicht, wenn Ausbildungsliteratur, Vorlesungsmaterialien und Prüfungssachverhalte nicht nur männliche und nicht nur weiße Lebensrealitäten aus der Mittelschicht abbilden würden; wenn Täter nicht rassisch oder ethnisch stereotypisiert oder bildungsferne Menschen in „lustigen" (und oft lächerlich machenden) Kontexten präsentiert würden. Greift man stattdessen bewusst Diskriminierungserfahrungen auf oder bildet man auf den Vorlesungsfolien die handelnden Personen zumindest in dem Bewusstsein ab, dass man durch die Irritation von Erwartungen auch stereotype Bilder abbauen kann,[308] kann das Fremdheitseffekte nicht nur bei Studierenden *of Color* verringern – und damit die Zugangsbarrieren zum Erfolg im Jurastudium unproblematisch verringern.

308 Dazu *Valentiner*, (Geschlechter)Rollenstereotype in juristischen Ausbildungsfällen – eine hamburgische Studie, 2017, S. 29.

Um eine solche diversitätssensible Lehre zu erleichtern, können die Fakultäten Handreichungen und Leitfäden entwickeln, beispielsweise im Rahmen interdisziplinärer Projekte mit Forschenden aus der Hochschuldidaktik und den Gender Studies.[309] Der Bedarf und die Bereitschaft dafür ist gerade beim wissenschaftlichen Nachwuchs vorhanden; das ließe sich zum Gewinn aller nutzen.

309 Vgl. Zentrum für transdisziplinäre Geschlechterstudien, AG Lehre (Hrsg.), Diskriminierungskritische Lehre: Denkanstöße aus den Gender Studies, 2016; Heinrich-Heine-Universität Düsseldorf, Vielfalt leben, Zukunft gestalten: Handreichung für die diversitysensible Lehre, 2020.

VI. Fazit

Geht es um ein Plädoyer für Diversität, denken mittlerweile viele sofort an „Identitätspolitik“. Der aus den USA stammende Begriff[310] ist auch in Deutschland zu einem Schlagwort, vielleicht sogar zu einem Kampfbegriff gesellschaftlicher Debatten geworden.[311] In seiner basalen Form soll er politische Programme oder politisches Handeln bezeichnen, das (vermeintlich) dem Interesse einer bestimmten Gruppe dient. Zudem steht er für den Anspruch, dass diese Interessen (ggf. ausschließlich) durch Angehörige der Gruppe selbst vertreten werden sollten.[312] Der Hauptvorbehalt gegenüber identitätspolitischen Programmen und Forderungen lautet, sie seien im Kern antipluralistisch, essentialisierend, gesellschaftlich spaltend, gar – überspitzt bezeichnet als eine Rückkehr zu Stämmen – tribalisierend. Die Thematisierung von Exklusionen und das Plädoyer für mehr Diversität sehen sich mit diesen Vorbehalten häufig konfrontiert.

Nun ist freilich jeder Form von politischem Handeln die Verfolgung von Gruppeninteressen – zum Teil unausgesprochen und implizit[313] – inhärent, weshalb der teilweise erhobene Vorwurf einer einseitigen identitätspolitischen Polarisierung ganz grundsätzlich ins Leere laufen muss.[314] Darüber hinaus bestehen erhebliche Unterschiede zwischen einer Identitätspolitik, die die eigene Gruppe als überlegen wahrnimmt, in antipluralistischer Absicht auf die Abschottung von anderen Gruppen abzielt oder gar deren Bekämpfung propagiert, und einer Identitätspolitik, die in emanzipatorischer Absicht bestehende Strukturen der Unterdrückung, Benachteiligung,

310 Der Begriff wurde geprägt vom *Combahee River Collective*, The Combahee River Collective Statement, 1977.

311 Siehe für verschiedene Perspektiven auf Identitätspolitik und ihr Verhältnis zu Konzepten von Diversität etwa die Beiträge von *Séville*, *Lembke*, *Heisterhagen*, *Susemichel* und *Schorkopf*, in: Kersten/Rixen/Vogel (Hrsg.), Ambivalenzen der Ungleichheit, 2021, S. 97 ff.

312 Als Gegenbegriff kann von Stellvertreterpolitik gesprochen werden.

313 Dazu *Saar*, Politik für alle, FAZ v. 20.3.2021, S. 14.

314 *Möllers*, Freiheitsgrade, 2020, S. 97 ff.

Ausgrenzung oder Diskriminierung sichtbar zu machen versucht und auf dieser Grundlage Anerkennung sowie gleichberechtigte gesellschaftliche und politische Teilhabe fordert.

Die Forderung nach mehr Diversität, wie wir sie hier entwickeln, versteht sich allerdings gar nicht als Ausdruck einer wie auch immer konzipierten „Identitätspolitik“. Uns geht es nicht um Gruppeninteressen und auch nicht um Fragen von Identität, sondern um die Sichtbarmachung und den Abbau bestehender Zugangshindernisse und Exklusionsmechanismen. Wir plädieren insoweit für die Verwirklichung des auch rechtlich verbürgten Versprechens der gleichberechtigten Teilhabe aller Menschen an gesellschaftlichen und staatlichen Institutionen. Von der inhaltlichen Öffnung und dem Abbau struktureller Barrieren profitieren keineswegs nur *People of Color*. Ernst genommen, orientieren sich Diversitätskonzepte im Ergebnis nicht an einzelnen Gruppen, sondern bauen Barrieren umfassend ab.

Zudem haben wir gezeigt, dass das von uns beschriebene Diversitätsdefizit für das Rechtssystem insgesamt problematisch ist und in gesamtgesellschaftlicher Perspektive negative Konsequenzen hat. Mehr Diversität dient auch deswegen nicht allein den vermeintlichen Partikularinteressen von *People of Color*, sondern dem Gemeinwohl. Denn die strukturelle Exklusionswirkung gegenüber *People of Color* ist nicht nur aus antidiskriminierungsrechtlicher Hinsicht problematisch. Das Diversitätsdefizit ist auch ein ernsthaftes Problem für das Rechtssystem.

Die Rechtsanwendung orientiert sich zwar am Ideal der Objektivität, sie braucht jedoch diverse Lebenserfahrungen, weil diese sowohl auf der Ebene der Sachverhaltserfassung als auch auf der Ebene der Rechtsauslegung unweigerlich in die Entscheidungsfindung einfließen. Zudem läuft ein Rechtssystem, an dem nicht alle gesellschaftlichen Gruppen hinreichend personell mitwirken, mittel- und langfristig Gefahr, erhebliche Akzeptanz- und Legitimationsdefizite aufzuwerfen. Auch den Kanzleien und dem Wissenschaftsbetrieb entgehen durch mangelnde Diversität nicht nur Talente, sondern auch zusätzliche Perspektiven. Zu Recht weist der Wissenschaftsrat darauf hin, dass eine höhere Diversität in der Rechtswissenschaft sowohl zur wissenschaftlichen Qualität als auch zu einer Erweiterung rechtswissenschaftlicher Forschungsperspektiven beitragen kann.[315] Das Problem setzt sich in der Lehre fort: Homogen zusammengesetzte juristische Fakultäten tun sich tendenziell schwer, den Jurist:innen von morgen hinreichend diverse Perspektiven auf rechtliche Fragen und juristische Fälle zu vermitteln und sie so auf ein Berufsleben in einer pluralen Gesellschaft vorzubereiten.

Vor diesem Hintergrund wollen wir das festgestellte Diversitätsdefizit nicht hinnehmen und schlagen deshalb vor, zur Tat zu schreiten. Denn obwohl die Datenlage durchaus noch verbesserungsfähig ist, lässt das, was wir bereits jetzt wissen, den Schluss zu, dass die geringere Partizipation von *People of Color* in Rechtswissenschaft und Rechtspraxis kein Zufall ist. Mit diesem Beitrag wollen wir einen Impuls geben, gemeinsam darüber nachzudenken, wie diese unbefriedigende Situation verbessert werden kann. Dabei gehen wir davon aus, dass die aktuelle Lage nicht in erster Linie auf intentionalen Rassismus zurückzuführen ist, der freilich offen thematisiert und entschieden bekämpft werden muss, wo immer er in Erscheinung tritt. Besonders wirkmächtig ist aus unserer Sicht ein struktureller Rassismus. Deswegen gilt es zuvörderst, über strukturelle Änderungen zu diskutieren.

Dieser Text ist insofern eine Einladung zum gemeinsamen Handeln – und zum gemeinsamen Nachdenken und Weiterforschen. So akut der Handlungsbedarf ist, so sehr bedarf ein auf langfristige Entwicklung ausgerichtetes Vorhaben wie der Abbau von Hindernissen und die Steigerung der Diversität eines intensiven und kontinuierlichen Austausches. Wir hoffen, dass unser Beitrag auf Interesse stößt und viele sich von ihm auch persönlich angesprochen fühlen: aus dem Bereich der *Rechtswissenschaft* fakultäts- und fachsäulenübergreifend alle an den aufgeworfenen Fragen interessierten Forschenden und Lehrenden sowie Verantwortliche aus den Hochschulverwaltungen und aus der *Rechtspraxis* Ansprechpersonen aus Anwaltskanzleien, Justiz- und Innenministerien, Prüfungsämtern, der Zivilgesellschaft und der Wirtschaft. Wir erhoffen uns nicht nur Rückmeldungen und Feedback zu diesem Beitrag oder weitere Anregungen und Vorschläge, sondern auch ein Interesse für wissenschaftliche und

315 Wissenschaftsrat, Perspektiven der Rechtswissenschaft in Deutschland, 2012, S. 41 ff.

praktische Kooperationen und – im besten Fall – eine gemeinsame Weiterentwicklung der hier vorgestellten Ideen. Wir freuen uns über Ihre Kontaktaufnahme: diversitaet@lehrstuhl-towfigh.de.

Literaturverzeichnis

Abdul-Rahman, Laila/Espín Grau, Hannah/Klaus, Luise/Singelnstein, Tobias, Rassismus und Diskriminierungserfahrungen im Kontext polizeilicher Gewaltausübung: Zweiter Zwischenbericht zum Forschungsprojekt „Körperverletzung im Amt durch Polizeibeamt*innen", 2020, abrufbar unter https://kviapol.rub.de/images/pdf/KviAPol_Zweiter_Zwischenbericht.pdf.

Abel, Richard/Hammerslev, Ole/Schultz, Ulrike/Sommerlad, Hilary, Lawyers in 21st-Century Societies, Vol. 1: National Reports, 2020.

Ahyoud, Nasiha/Aikins, Joshua Kwesi/Bartsch, Samera/Bechert, Naomi/Gyamerah, Daniel/Wagner, Lucienne, Wer nicht gezählt wird, zählt nicht, Diversity in Leadership, 2018, abrufbar unter https://www.kiwit.org/media/material-downloads/antidiskriminierungs_-_gleichstellungsdaten_-_einfuehrung.pdf.

Altwicker, Tilmann, Menschenrechtlicher Gleichheitsschutz, 2011.

Angst, Doris/Lantschner, Emma (Hrsg.), Internationales Übereinkommen zur Beseitigung jeder Form von Rassendiskriminierung, 2020.

Antidiskriminierungsstelle des Bundes, Bausteine für einen systematischen Diskriminierungsschutz an Hochschulen, 2020, abrufbar unter https://www.antidiskriminierungsstelle.de/SharedDocs/Downloads/DE/publikationen/Expertisen/bausteine_f_e_systematischen_diskrimschutz_an_hochschulen.pdf.

Antidiskriminierungsstelle des Bundes, Diskriminierung im Bildungsbereich und im Arbeitsleben: Zweiter Gemeinsamer Bericht der Antidiskriminierungsstelle des Bundes und der in ihrem Zuständigkeitsbereich betroffenen Beauftragten der Bundesregierung und des Deutschen Bundestages, 2013, abrufbar unter https://www.antidiskriminierungsstelle.de/SharedDocs/Downloads/DE/publikationen/BT_Bericht/gemeinsamer_bericht_zweiter_2013.html.

Antidiskriminierungsstelle des Bundes, Diskriminierungsfreie Hochschule – Mit Vielfalt Wissen schaffen, Endbericht zum Projekt, 2012, abrufbar unter https://www.antidiskriminierungsstelle.de/SharedDocs/Downloads/DE/publikationen/Diskriminierungsfreie_Hochschule/diskriminierungsfreie_hochschule_endbericht_20120705.pdf.

Antidiskriminierungsstelle des Bundes, Gleiche Rechte, gleiche Chancen, Jahresbericht 2019, 2020, abrufbar unter https://www.antidiskriminierungsstelle.de/SharedDocs/Downloads/DE/publikationen/Jahresberichte/2019.pdf.

Antidiskriminierungsstelle des Bundes, Gleiche Rechte, gleiche Chancen, Jahresbericht 2020, 2021, abrufbar unter https://www.antidiskriminierungsstelle.de/SharedDocs/Downloads/DE/publikationen/Jahresberichte/2020.pdf.

Baer, Susanne, Rechtssoziologie, 4. Aufl. 2021.

Baer, Susanne, Verfassungsvergleichung und reflexive Methode: Interkulturelle und intersubjektive Kompetenz, ZaöRV (64), 2004, S. 735.

Baer, Susanne, Würde oder Gleichheit, 1995.

Banaji, Mahzarin/Greenwald, Anthony, Blindspot: Hidden Biases of Good People, 2013.

Barmes, Lizzie/Malleson, Kate, The Legal Profession as Gatekeeper to the Judiciary: Design Faults in Measures to Enhance Diversity, Modern Law Review 74 (2011), S. 245.

Barnert, Elena, Der eingebildete Dritte: Eine Argumentationsfigur im Zivilrecht, 2008.

Barskanmaz, Cengiz /Samour, Nahed, Das Diskriminierungsverbot aufgrund der Rasse, Verfassungsblog v. 16.6.2020, abrufbar unter https://verfassungsblog.de/das-diskriminierungsverbot-aufgrund-der-rasse.

Barskanmaz, Cengiz, Rasse – Unwort des Antidiskriminierungsrechts?, KJ 2011, S. 382.

Barskanmaz, Cengiz, Rassismus, Postkolonialismus und Recht – Zu einer deutschen Critical Race Theory?, KJ 2008, S. 296.

Barskanmaz, Cengiz, Recht und Rassismus: Das menschenrechtliche Verbot der Diskriminierung aufgrund der Rasse, 2019.

Bartel, Daniel/Liebscher, Doris/Remus, Juana, Rassismus vor Gericht: weiße Norm und Schwarzes Wissen im deutschen Recht, in: Fereidooni, Karim/El, Meral (Hrsg.), Rassismuskritik und Widerstandsformen, 2017, S. 361.

Baumann, Anne-Luise/Egenberger, Vera/Supik, Linda, Erhebung von Antidiskriminierungsdaten in repräsentativen Wiederholungsbefragungen, 2018, abrufbar unter https://www.antidiskriminierungsstelle.de/SharedDocs/Downloads/DE/publikationen/Expertisen/erhebung_von_antidiskr_daten_in_repr_wiederholungsbefragungen.pdf.

Beauftragte der Bundesregierung für Migration, Flüchtlinge und Integration/Bundesinstitut für Bevölkerungsforschung, Kulturelle Diversität und Chancengleichheit in der Bundesverwaltung, 2020; abrufbar unter https://www.bib.bund.de/Publikation/2020/pdf/Kulturelle-Diversitaet-und-Chancengleichheit-in-der-Bundesverwaltung.pdf.

Beauftragte des Senats für Integration und Migration, Berliner Gesetz zur Förderung der Partizipation in der Migrationsgesellschaft (PartMigG) – die wesentlichen Punkte der Novellierung v. 16.2.2021, abrufbar unter https://www.berlin.de/lb/intmig/themen/partizipation-in-der-migrationsgesellschaft.

Beauftragte des Senats für Integration und Migration, Eckpunktepapier zur Novelle des PartIntG v. 14.10.2020, abrufbar unter https://www.berlin.de/lb/intmig/themen/partizipation-in-der-migrationsgesellschaft.

Behr, Rafael, Diskriminierung durch Polizeibehörden, in: Scherr, Albert/El-Mafaalani, Aladin/ Yüksel, Gökçen (Hrsg.), Handbuch Diskriminierung, 2017, S. 301.

Beigang, Steffen/Fetz, Karolina/Kalkum, Dorina/Otto, Magdalena, Diskriminierungserfahrungen in Deutschland, 2017, abrufbar unter https://www.antidiskriminierungsstelle.de/SharedDocs/Downloads/DE/publikationen/Expertisen/expertise_diskriminierungserfahrungen_in_deutschland.pdf.

Bendick, Marc/Nunes, Ana P., Developing the research basis for controlling bias in hiring, Journal of Social Issues 68 (2012), S. 238.

Berghahn, Sabine/Schultz, Ulrike (Hrsg.), Rechtshandbuch für Frauen- und Gleichstellungsbeauftragte, Stand: Sept. 2020.

v. *Bernstorff, Jochen/Dann, Philipp/Feichtner, Isabelle* (Hrsg.), (Post)Koloniale Rechtswissenschaft, 2021, *im Erscheinen*.

Berryman, Sue E., Who will do science?, 1983.

Birdsall, Christopher/Gershenson, Seth/Zuniga, Raymond, Stereotype Threat, Role Models, and Demographic Mismatch in an Elite Professional School Setting, IZA Discussion Paper 10459, 2016, abrufbar unter http://ftp.iza.org/dp10459.pdf.

v. *Bogdandy, Armin/Peters, Anne*, Editorial, ZaöRV 81 (2021), S. 1.

Böning, Anja, Gleiches Recht für alle? Juristische Profession und soziale Herkunft, in: Pilniok, Arne/Brockmann, Judith (Hrsg.), Die juristische Profession und das Jurastudium, 2017, S. 59.

Böning, Anja, Zur sozialen Situation der Assistent*innen im Öffentlichen Recht – Explorative Erkenntnisse aus einer Online-Erhebung, in: Bretthauer, Sebastian/Henrich, Christina/Völzmann, Berit/Wolckenhaar, Leonard/Zimmermann, Sören (Hrsg.), Wandlungen im Öffentlichen Recht: Festschrift zu 60 Jahren Assistententagung – Junge Tagung Öffentliches Recht, 2020, S. 253.

Böning, Anja/Schultz, Ulrike, Juristische Sozialisation, in: Boulanger, Christian/Rosenstock, Julika/Singelnstein, Tobias (Hrsg.), Interdisziplinäre Rechtsforschung: Eine Einführung in die geistes- und sozialwissenschaftliche Befassung mit dem Recht und seiner Praxis.

Britz, Gabriele, Diskriminierungsschutz und Privatautonomie, VVDStRL 64 (2005), S. 355.

Brosius-Gersdorf, Frauke/Gersdorf, Hubertus, Kopftuchverbot für Rechtsreferendarin: Unanwendbarkeit des Neutralitätsgebots, NVwZ 2020, S. 428.

Bruce-Jones, Eddie, The United Kingdom on Race: A Warning for Europe, Verfassungsblog v. 13.4.2021, abrufbar unter https://verfassungsblog.de/uk-racism/.

Buengeler, Claudia/Hohmann, Astrid C., Diversity in Teams: Was macht diverse Teams erfolgreich?, in: Genkova, Petia/Ringeisen, Tobias (Hrsg.), Handbuch Diversity Kompetenz, Band 1: Perspektiven und Anwendungsfelder, 2015, S. 663.

Bundesministerium der Justiz und für Verbraucherschutz, 23.-26. Bericht der Bundesrepublik Deutschland nach Artikel 9 des Internationalen Übereinkommens zur Beseitigung jeder Form von Rassendiskriminierung (ICERD), Stand 28.02.2020.

Bundesministerium der Justiz und für Verbraucherschutz, 19.-22. Bericht der Bundesrepublik Deutschland nach Artikel 9 des Internationalen Übereinkommens zur Beseitigung jeder Form von Rassendiskriminierung (ICERD), Januar 2013.

Chopin, Isabelle/Farkas, Lilla/Germaine, Catharina, Ethnic origin and disability data collection in Europe: Measuring inequality – combating discrimination, 2014, abrufbar unter https://www.opensocietyfoundations.org/uploads/d28c9226-bed7-4b1b-ac8b-4455f3c3451a/ethnic-origin-and-disability-data-collection-europe-20141126.pdf.

Combahee River Collective, The Combahee River Collective Statement, 1977.

Commission on Race and Ethnic Disparities, The Report, 2021, abrufbar unter https://www.gov.uk/government/publications/the-report-of-the-commission-on-race-and-ethnic-disparities.

Committee on the Elimination of Racial Discrimination (CERD), Concluding Observations on the combined nineteenth to twenty-second periodic reports of Germany, 30.06.2015, UN Doc. CERD/C/DEU/CO/19–22, abrufbar unter https://tbinternet.ohchr.org/_layouts/15/treatybodyexternal/TBSearch.aspx?Lang=en&TreatyID=6&DocTypeID=5.

Committee on the Elimination of Racial Discrimination (CERD), General Recommendation No. 14 on article 1, paragraph 1, of the Convention, UN Doc. A/48/18 (1993), abrufbar unter https://tbinternet.ohchr.org/_layouts/15/treatybodyexternal/TBSearch.aspx?Lang=en&TreatyID=6&DocTypeID=11.

Committee on the Elimination of Racial Discrimination (CERD), General Recommendation No. 20 (48) on Article 5, UN Doc. CERD/48/Misc.6/Rev.2 (1996), abrufbar unter https://tbinternet.ohchr.org/_layouts/15/treatybodyexternal/TBSearch.aspx?Lang=en&TreatyID=6&DocTypeID=11.

Committee on the Elimination of Racial Discrimination (CERD), General Recommendation No. 30 on discrimination against non-citizens, UN Doc. A/59/18 (2004), abrufbar unter https://tbinternet.ohchr.org/_layouts/15/treatybodyexternal/TBSearch.aspx?Lang=en&TreatyID=6&DocTypeID=11.

Committee on the Elimination of Racial Discrimination (CERD), General Recommendation No. 32, The meaning and scope of special measures in the International Convention in the Elimination of All Forms of Racial Discrimination, UN Doc. CERD/C/GC/32 (2009), abrufbar unter https://tbinternet.ohchr.org/_layouts/15/treatybodyexternal/TBSearch.aspx?Lang=en&TreatyID=6&DocTypeID=11.

Committee on the Elimination of Racial Discrimination (CERD), General Recommendation No. 36 (2020) on preventing and combating racial profiling by law enforcement officials, UN Doc. CERD/C/GC/36 (2020), abrufbar unter https://tbinternet.ohchr.org/_layouts/15/treatybodyexternal/TBSearch.aspx?Lang=en&TreatyID=6&DocTypeID=11.

Committee on the Elimination of Racial Discrimination (CERD), Guidelines for the CERD-specific document to be submitted by States Parties under Article 9, paragraph 1, of the Convention, UN Doc. CERD/C/2007/1, abrufbar https://tbinternet.ohchr.org/_layouts/15/treatybodyexternal/TBSearch.aspx?Lang=en&TreatyID=6&DocTypeID=63.

Conrad, Sebastian, Regimes der Segregation. Kolonialismus, Recht und Globalisierung, Rechtsgeschichte 4 (2004), S. 187.

Cremer, Hendrik, „... und welcher Rasse gehören Sie an?“ – Zur Problematik des Begriffs Rasse in der Gesetzgebung, 2. Aufl. 2009, abrufbar unter https://www.institut-fuer-menschenrechte.de/publikationen/detail/policy-paper-no-10-und-welcher-rasse-gehoeren-sie-an.

Crenshaw, Kimberlé, Demarginalizing the Intersection of Race and Sex: A Black Feminist Critique of Antidiscrimination Doctrine, Feminist Theory and Antiracist Politics, University of Chicago Legal Forum 1989, S. 139.

Czok, Heidrun/Donges, Dominik/Heinzelmann, Susanne, Diskriminierungsfreie Hochschule – Mit Vielfalt Wissen schaffen, 2012; abrufbar unter https://www.uni-hamburg.de/gleichstellung/download/endbericht-diskriminierungsfreie-hochschule.pdf.

Däubler, Wolfgang/Bertzbach, Martin (Hrsg.), Allgemeines Gleichbehandlungsgesetz, 4. Aufl. 2018.

Davis, Peggy C., Law As Microaggression, Yale Law Journal 98 (1989), S. 1559.

Delgado, Richard, The Rodrigo Chronicles: Conversations about America and Race, 1995.

Deo, Meera E., Unequal Profession: Race and Gender in Legal Academia, 2019.

DFG, Forschungsorientierte Gleichstellungsstandards der DFG, 2008, https://www.dfg.de/download/pdf/foerderung/grundlagen_dfg_foerderung/chancengleichheit/forschungsorientierte_gleichstellungsstandards_2008.pdf.

DFG, Die Forschungsorientierten Gleichstellungsstandards der DFG: Umsetzung und Wirkungsweisen, 2017, https://www.dfg.de/download/pdf/dfg_im_profil/geschaeftsstelle/publikationen/studien/studie_gleichstellungsstandards.pdf.

DFG, Die „Forschungsorientierten Gleichstellungsstandards“ der DFG: Zusammenfassung und Empfehlungen 2020, 2020, abrufbar unter https://www.dfg.de/download/pdf/foerderung/grundlagen_dfg_foerderung/chancengleichheit/fog_empfehlungen_2020.pdf.

Döse, Annegret, Die anonyme Bewerbung und das Berliner Partizipations- und Integrationsgesetz. Zwei „positive Maßnahmen“ auf dem Prüfstand, NZA Online Aufsatz 2/2012, S. 1, abrufbar unter https://www.antidiskriminierungsstelle.de/SharedDocs/Downloads/DE/Literatur_Anonymisierte/20120725_NZA_anonyme_Bewerbung.pdf.

Dreier, Horst (Hrsg.), Grundgesetz, Kommentar, Bd. I, 3. Aufl. 2013.

Ebert, Julia/Heublein, Ulrich, Studienabbruch bei Studierenden mit Migrationshintergrund: Eine vergleichende Untersuchung der Ursachen und Motive des Studienabbruchs bei Studierenden mit und ohne Migrationshintergrund auf Basis der Befragung der Exmatrikulierten des Sommersemesters 2014, 2017, abrufbar unter https://www.stiftung-mercator.de/content/uploads/2020/12/Ursachen_des_Studienabbruchs_bei_Studierenden_mit_Migrationshintergrund_Langfassung.pdf.

El-Mafaalani, Aladin, Diskriminierung von Menschen mit Migrationshintergrund, in: Scherr, Albert/El-Mafaalani, Aladin/Yüksel, Gökçen (Hrsg.), Handbuch Diskriminierung, 2017, S. 465.

Epping, Volker/Hillgruber, Christian (Hrsg.), Beck'scher Online-Kommentar zum Grundgesetz, Stand: 15.2.2021, abrufbar unter https://beck-online.beck.de/Bcid/Y-400-W-BECKOKGG.

Esser, Josef, Vorverständnis und Methodenwahl in der Rechtsfindung: Rationalitätsgarantien der richterlichen Entscheidungspraxis, 1970.

European Commission against Racism and Intolerance (ECRI), Allgemeine Politik-Empfehlung Nr. 14 über die Bekämpfung von Rassendiskriminierung und Rassismus in Beschäftigung und Beruf, CRI (2012) 48.

European Commission against Racism and Intolerance (ECRI), 6. Bericht über Deutschland v. 10.12.2019.

European Union Agency for Fundamental Rights, Second European Union Minorities and Discrimination Survey: Being Black in the EU, 2018, abrufbar unter https://fra.europa.eu/sites/default/files/fra_uploads/fra-2018-being-black-in-the-eu_en.pdf.

Farkas, Lilla, Data collection in the field of ethnicity: Analysis and comparative review of equality data collection practices in the European Union, 2017, abrufbar unter https://ec.europa.eu/newsroom/just/document.cfm?action=display&doc_id=45791.

Foroutan, Naika, Postmigrantische Gesellschaften, in: Brinkmann, Heinz Ulrich/Sauer, Martina (Hrsg.), Einwanderungsgesellschaft Deutschland: Entwicklung und Stand der Integration, 2016, S. 227.

Franke, Bernhard/Schlenzka, Nathalie, Diskriminierung aufgrund der ethnischen Herkunft und rassistische Diskriminierung im Spiegel von Daten und Rechtsprechung, ZAR 2019, S. 179.

Freeman, Marsha A./Chinkin, Christine/Rudolf, Beate (Hrsg.), The UN Convention on the Elimination of All Forms of Discrimination against Women, 2012.

Frowein, Jochen Abr., Die Überwindung von Diskriminierung als Staatsauftrag in Art. 3 Abs. 3 GG, in: Ruland, Franz/v. Maydell, Bernd Baron/Papier, Hans-Jürgen (Hrsg.), Verfassung, Theorie und Praxis des Sozialstaats. Festschrift für Hans F. Zacher zum 70. Geburtstag, 1998, S. 157.

Fundamental Rights Agency, Equality in the EU 20 years on from the initial implementation of the equality directives, Opinion 1/2021; abrufbar unter https://fra.europa.eu/sites/default/files/fra_uploads/fra-2021-opinion-equality-directives-01-2021_en.pdf.

Gächter, August, Diversity Management als Anti-Diskriminierungsstrategie, in: Scherr, Albert/El-Mafaalani, Aladin/Yüksel, Gökçen (Hrsg.), Handbuch Diskriminierung, 2017, S. 657.

Gawronski, Bertram, Six Lessons for a Cogent Science of Implicit Bias and Its Criticism, Perspectives on Psychological Science 14 (2019), S. 574.

Gomolla, Mechtild, Direkte und indirekte, institutionelle und strukturelle Diskriminierung, in: Scherr, Albert/El-Mafaalani, Aladin/Yüksel, Gökçen (Hrsg.), Handbuch Diskriminierung, 2017, S. 133.

Graycar, Reg, Gender, race, bias and perspective: OR, how otherness colours your judgment, International Journal of the Legal Profession 15 (2008), S. 73.

Groenendijk, Kees/Hahn, Annet, Met recht geslaagd. Nederlandse juristen van Marokkaanse en Turkse afkomst, 2006.

Groß, Thomas, Die Verfassungskonformität einer Quote für Eingewanderte, JZ 2021, *im Erscheinen*.

Grünberger, Michael, Geschlechtergerechtigkeit im Wettbewerb der Regulierungsmodelle, Rechtswissenschaft 2012, S. 1.

Grünberger, Michael, Personale Gleichheit: Der Grundsatz der Gleichbehandlung im Zivilrecht, 2013.

Grünberger, Michael, Vielfalt durch Quote – Umgekehrte Diskriminierung zu Lasten des Leistungsprinzips?, NZA-Beilage 4/2012, S. 140.

Grünberger, Michael/Reinelt, André, Konfliktlinien im Nichtdiskriminierungsrecht: Das Rechtsdurchsetzungsregime aus Sicht soziologischer Jurisprudenz, 2020.

Habermann, Julia/Singelnstein, Tobias, Praxis und Probleme bei der Erfassung politisch rechtsmotivierter Kriminalität durch die Polizei, in: Institut für Demokratie und Zivilgesellschaft (Hrsg.), Wissen schafft Demokratie 4/2018: Gewalt gegen Minderheiten, 2018, S. 20, abrufbar unter https://www.idz-jena.de/schriftenreihe/band-4-schwerpunkt-gewalt-gegen-minderheiten/.

Haferkamp, Hans-Peter, Zur Methodengeschichte unter dem BGB in fünf Systemen, AcP 214 (2014), S. 60.

Haney-López, Ian F., Institutional Racism: Judicial Conduct and a New Theory of Racial Discrimination, Yale Law Journal 109 (1999), S. 1717.

Hanschmann, Felix, Die Suspendierung des Konstitutionalismus im Herz der Finsternis. Recht, Rechtswissenschaft und koloniale Expansion des Deutschen Reiches, KJ 2012, S. 144.

Hartmann, Michael, Der Mythos von den Leistungseliten: Spitzenkarrieren und soziale Herkunft in Wirtschaft, Politik, Justiz und Wissenschaft, 2002.

Haverkamp, Rita/Lukas, Tim, Diskriminierung im Strafrecht, in: Scherr, Albert/El-Mafaalani, Aladin/Yüksel, Gökçen (Hrsg.), Handbuch Diskriminierung, 2017, S. 285.

Heidhues, Paul/Köszegi, Botond/Strack, Philipp, Overconfidence and prejudice, Working Paper 2019, abrufbar unter https://arxiv.org/abs/1909.08497.

Heinemann, Alisha M.B./Mecheril, Paul, Erziehungswissenschaftliche Diskriminierungsforschung, in: Scherr, Albert/El-Mafaalani, Aladin/Yüksel, Gökçen (Hrsg.), Handbuch Diskriminierung, 2017, S. 117.

Heinrich-Heine-Universität Düsseldorf, Vielfalt leben, Zukunft gestalten: Handreichung für die diversitysensible Lehre, 2020, abrufbar unter https://www.diversity.hhu.de/diversity-in-der-lehre/handreichung-fuer-diversitysensible-lehre.

Heitmann, Patricia/Kurbjuhn, Carmen, Diversity-Policy an Hochschulen am Beispiel der Humboldt-Universität zu Berlin, Gemeinsam Leben 2020, S. 233.

Herbert, Alan Patrick, Rechtsfälle – Linksfälle: eine Auswahl juristischer Phantasien, 1992.

Heyden, Kira/v. Ungern-Sternberg, Antje, Ein Diskriminierungsverbot ist kein Fördergebot – Wider die neue Rechtsprechung des EGMR zu Art. 14 EMRK, EuGRZ 2009, S. 81.

Hochschulrektorenkonferenz, Frauen fördern: Empfehlungen zur Verwirklichung von Chancengleichheit im Hochschulbereich, Empfehlungen des 209. Plenums der HRK v. 14.11.2006, abrufbar unter https://www.hrk.de/uploads/media/Empfehlung_Frauen_01.pdf.

Holzleithner, Elisabeth, Emanzipation durch Recht?, KJ 2008, S. 250.

Holzleithner, Elisabeth, Intersektionale (mehrdimensionale) Diskriminierung, in: Mangold, Anna Katharina/Payandeh, Mehrdad (Hrsg.), Handbuch Antidiskriminierungsrecht, 2021, *im Erscheinen.*

Horowitz, Juliana Menasce/Brown, Anna/Cox, Kiana, Race in America 2019, Pew Research Center, April 2019, abrufbar unter https://www.pewresearch.org/social-trends/2019/04/09/race-in-america-2019/.

House of Lords, Judicial Appointments, 2012, abrufbar unter https://publications.parliament.uk/pa/ld201012/ldselect/ldconst/272/27202.htm.

Hummrich, Merle, Diskriminierung im Erziehungssystem, in: Scherr, Albert/El-Mafaalani, Aladin/Yüksel, Gökçen (Hrsg.), Handbuch Diskriminierung, 2017, S. 337.

Hummrich, Merle/Kramer, Rolf-Torsten, Schulische Sozialisation, 2017.

Hunold, Daniela/Wegener, Maren, Rassismus und Polizei: Zum Stand der Forschung, APuZ 42–44 (2020), S. 27.

Ifill, Sherrilyn A., Racial Diversity on the Bench: Beyond Role Models and Public Confidence, Washington & Lee Law Review 57 (2000), S. 405.

Jacobs, Matthias/Schubert, Jens, Man wird doch wohl noch sagen dürfen … – Nein!, NZA 2021, S. 233.

Jarass, Hans D., Charta der Grundrechte der Europäischen Union, 4. Aufl. 2021.

Jarass, Hans D./Pieroth, Bodo, Grundgesetz, 16. Aufl. 2020.

Jestaedt, Matthias, Diskriminierungsschutz und Privatautonomie, VVDStRL 64 (2005), S. 298.

Jolls, Christine/Sunstein, Cass, The Law of Implicit Bias, California Law Review 94 (2006), S. 969.

Kahl, Wolfgang/Waldhoff, Christian/Walter, Christian (Hrsg.), Bonner Kommentar zum Grundgesetz, Loseblatt, Stand: 210. EL 2021.

Kahl, Wolfgang/Waldhoff, Christian/Walter, Christian (Hrsg.), Bonner Kommentar zum Grundgesetz, Loseblatt, Stand: 1996.

Kanalan, Ibrahim, Weder revolutionär noch eine Besonderheit, Verfassungsblog v. 24.2.2021, abrufbar unter https://verfassungsblog.de/weder-revolutionar-noch-eine-besonderheit/.

Kaneza, Elisabeth, Black Lives Matter: Warum Rasse nicht aus dem Grundgesetz gestrichen werden darf, RuP 56 (2020), S. 536 (abrufbar auch unter https://www.juwiss.de/102-2020/).

Kang, Jerry/Bennett, Mark/Carbado, Devon/Casey, Pam/Dasgupta, Nilanjana/Faigman, David/Godsil, Rachel/Greenwald, Anthony G./Levinson, Justin/Mnookin, Jennifer, Implicit Bias in the Courtroom, UCLA Law Review 59 (2012), S. 1124.

Kang, Jerry/Dasgupta, Nilanjana/Yogeeswaran, Kumar/Blasi, Gary L., Are Ideal Litigators White?, Journal of Empirical Legal Studies 7 (2010), S. 886.

Karpenstein, Ulrich/Mayer, Franz C. (Hrsg.), Europäische Menschenrechtskonvention, 2. Aufl. 2015.

Kaufmann, Margit E., Intersectionality Matters! Zur Bedeutung der Intersectional Critical Diversity Studies für die Hochschulpraxis, in: Darowska, Lucyna (Hrsg.), Diversity an der Hochschule, 2019, S. 53.

Kelly, Natasha A., Institutioneller Rassismus – was tun?! Strategiepapier für den Präsidenten der Humboldt-Universität zu Berlin, 2014.

Kersten, Jens/Rixen, Stephan/Vogel, Berthold (Hrsg.), Ambivalenzen der Ungleichheit, 2021.

Kischel, Uwe, Rasse, Rassismus und Grundgesetz, AöR 145 (2020), S. 227.

Klieme, Eckhard/Köller, Olaf/Reiss, Kristina/Weis, Mirjam (Hrsg.), PISA 2018: Grundbildung im internationalen Vergleich, 2019.

Kocher, Eva, Die Position der Dritten: Objektivität im bürgerlichen Recht, JöR 67 (2019), S. 403.

Koopmans, Ruud/Veit, Susanne/Yemane, Ruta, Ethnische Hierarchien in der Bewerberauswahl: Ein Feldexperiment zu den Ursachen von Arbeitsmarktdiskriminierung, WZB Discussion Paper SP VI 2018–104, 2018, abrufbar unter https://bibliothek.wzb.eu/pdf/2018/vi18-104.pdf.

Krause, Annabelle/Rinne, Ulf/Zimmermann, Klaus F./Böschen, Ines/Alt, Ramona, Pilotprojekt „Anonymisierte Bewerbungsverfahren“, Abschlussbericht, IZA Research Report No. 44, 2012, abrufbar unter http://ftp.iza.org/report_pdfs/iza_report_44.pdf.

Krell, Gertraude, Gender unter dem Dach Diversity: Eine Auseinandersetzung mit häufig geäußerten Einwänden, in: Hohmann-Dennhardt, Christine/Körner, Marita/Zimmer, Reingard (Hrsg.), Geschlechtergerechtigkeit. Festschrift für Heide Pfarr, 2010, S. 147.

Kulick, Andreas, Horizontalwirkung im Vergleich: Ein Plädoyer für die Geltung der Grundrechte zwischen Privaten, 2020.

Kutting, Isabelle M./Amin, Naziar, Mit „Rasse“ gegen Rassismus? – Zur Notwendigkeit einer Verfassungsänderung, DÖV 2020, S. 612.

Landeshauptstadt München, Fachstelle für Demokratie (Hrsg.), Daten für die vielfältige Gesellschaft: Wie wir künftig Antidiskriminierungs- und Gleichstellungsdaten erfassen können. Dokumentation eines Fachgesprächs am 11.11.2019 in München, 2020.

Lembke, Ulrike, Diversity als Rechtsbegriff. Eine Einführung, Rechtswissenschaft 2012, S. 46.

Lembke, Ulrike/Liebscher, Doris, Postkategoriales Antidiskriminierungsrecht? – Oder: Wie kommen Konzepte der Intersektionalität in die Rechtsdogmatik?, in: Veronika Apostolovski, Isabella Meier, Simone Philipp, Karin Maria Schmidlechner, Klaus Starl (Hrsg.), Intersektionelle Benachteiligung und Diskriminierung, 2014, S. 261.

Lembke, Ulrike/Valentiner, Dana, Diskriminierung und Antidiskriminierung in der juristischen Ausbildung, in: Bretthauer, Sebastian/Henrich, Christina/Völzmann, Berit/Wolckenhaar, Leonard/Zimmermann, Sören (Hrsg.), Wandlungen im Öffentlichen Recht: Festschrift zu 60 Jahren Assistententagung – Junge Tagung Öffentliches Recht, 2020, S. 279.

Liebert, Britta, Quotenregelungen im öffentlichen Dienst: Wirksamkeitshindernisse in Rechtsprechung und Praxis, 2017.

Liebscher, Doris, Clans statt Rassen – Modernisierungen des Rassismus als Herausforderungen für das Recht, KJ 2020, S. 529.

Liebscher, Doris, Möglichkeiten zur Verbesserung der Chancen für Menschen mit Migrationshintergrund/Migrationsgeschichte durch eine Novellierung des PartIntG Berlin v. 10.12.2019, abrufbar unter https://www.berlin.de/lb/intmig/_assets/themen/partizipation/rechtsgutachten-partintg_dl.pdf.

Liebscher, Doris, Rasse im Recht – Recht gegen Rassismus, 2021.

Liebscher, Doris/Pietrzyk, Kristin/Lagodinsky, Sergey/Steinitz, Benjamin, Antisemitismus im Spiegel des Rechts, NJOZ 2020, S. 897.

Long, Alex B., Employment Discrimination in the Legal Profession: A Question of Ethics?, University of Illinois Law Review 2016, S. 445.

Looschelders, Dirk (Hrsg.), Beck'scher Online Großkommentar, AGG, Stand: 1.3.2021.

Lusher, Lester/Campbell, Doug/Carrell, Scott, TAs like me: Racial interactions between graduate teaching assistants and undergraduates, Journal of Public Economics 159 (2018), S. 203.

Magen, Stefan, Verhaltenswissenschaftliche Aspekte des Antidiskriminierungsrechts, in: Mangold, Anna Katharina/Payandeh, Mehrdad (Hrsg.), Handbuch Antidiskriminierungsrecht, 2021, *im Erscheinen*.

Mager, Ute, Diskussionsbeitrag, VVDStRL 64 (2005), S. 417.

Maisch, Andreas, Migranten in Roben: Richterinnen und Richter mit Migrationshintergrund an deutschen Gerichten, 2019.

Majer, Christian F./Pautsch, Arne, „Positive Diskriminierung" – Verfassungsrechtliche Zulässigkeit von „Migrantenquoten" und Bevorzugung wegen Migrationshintergrundes beim Zugang zum öffentlichen Dienst, ZAR 2020, S. 414.

Mangold, Anna Katharina, Demokratische Inklusion durch Recht, 2021.

Mangold, Anna Katharina, Mehrdimensionale Diskriminierung – Potentiale eines materialen Gleichheitsverständnisses, Rechtsphilosophie 2016, S. 152.

Mangold, Anna Katharina, Relationale Freiheit. Grundrechte in der Pandemie, VVDStRL 80 (2021), *im Erscheinen*.

Mangold, Anna Katharina, Von Homogenität zu Vielfalt. Die Entstehung von Antidiskriminierungsrecht als eigenständigem Rechtsgebiet in der Berliner Republik, in: Duve, Thomas/Ruppert, Stefan (Hrsg.), Rechtswissenschaft in der Berliner Republik, 2018, S. 461.

v. Mangoldt, Hermann/Klein, Friedrich/Starck, Christian, Kommentar zum Grundgesetz, 7. Aufl. 2018.

Markard, Nora, Die andere Frage stellen: Intersektionalität als Analysekategorie im Recht, KJ 2009, S. 353.

Markard, Nora, Geschlecht, Geschlechtsidentität und sexuelle Orientierung als Diskriminierungskategorien, in: Mangold, Anna Katharina/Payandeh, Mehrdad (Hrsg.), Handbuch Antidiskriminierungsrecht, 2021, *im Erscheinen*.

Maunz, Theodor/Dürig, Günter, Grundgesetz-Kommentar, Loseblatt, Stand: 93. EL 2020.

McKinsey & Company, Diversity wins: How inclusion matters, 2020, abrufbar unter https://www.mckinsey.com/featured-insights/diversity-and-inclusion/diversity-wins-how-inclusion-matters.

Merton, Robert K., Die self-fulfilling prophecy, in: Meja, Volker/Stehr, Nico (Hrsg.), Soziologische Theorie und soziale Struktur, 1995, S. 399.

Meyer-Ladewig, Jens/Nettesheim, Martin/v. Raumer, Stefan (Hrsg.), Europäische Menschenrechtskonvention, 4. Aufl. 2017.

Meyer, Jürgen/Hölscheidt, Sven (Hrsg.), Charta der Grundrechte der Europäischen Union, 5. Aufl. 2019.

Michael, Lothar/Morlok, Martin, Grundrechte, 7. Aufl. 2020.

Minow, Martha, Making all the Difference, 1990.

Möllers, Christoph, Freiheitsgrade: Elemente einer liberalen politischen Mechanik, 2020.

Morlok, Martin, Die vier Auslegungsmethoden – was sonst?, in: Gabriel, Gottfried/Gröschner, Rolf (Hrsg.), Subsumtion, 2012, S. 179.

Möschel, Mathias, Law, Lawyers and Race: Critical Race Theory from the US to Europe, 2014.

Müller, Walter/Pollak, Reinhard, Weshalb gibt es so wenige Arbeiterkinder in Deutschlands Universitäten?, in: Becker, Rolf/Lauterbach, Wolfgang (Hrsg.), Bildung als Privileg: Erklärungen und Befunde zu den Ursachen der Bildungsungleichheit, 5. Aufl. 2016, S. 345.

v. Münch, Ingo/Kunig, Philipp, Grundgesetz, Kommentar, 7. Aufl. 2021.

Negowetti, Nicole E., Implicit Bias and the Legal Profession's "Diversity Crisis": A Call for Self-Reflection, Nevada Law Journal 15 (2015), S. 930.

neue deutsche organisationen (Hrsg.), Gleich ≠ gleich: Antidiskriminierungs- und Gleichstellungsdaten im Gespräch, 2017, abrufbar unter https://neuedeutsche.org/fileadmin/user_upload/Publikationen/Dossier_Gleichstellungsdaten/00_ndo_GLEICHSTELLUNGSDATEN_Intro.pdf.

Nöding, Thoralf, Der Kampf gegen die „Clankriminalität" aus Sicht eines Strafverteidigers: Verrät der Rechtsstaat seine Prinzipien?, KJ 2021, S. 232.

OECD, Programme for International Student Assessment (PISA), Ländernotiz Deutschland, 2018, abrufbar unter https://www.oecd.org/pisa/publications/PISA2018_CN_DEU_German.pdf.

Pabst, Franziska/Slupik, Vera, Das Frauenbild im zivilrechtlichen Schulfall, KJ 1977, S. 242.

Payandeh, Mehrdad, Das Kopftuch der Richterin aus verfassungsrechtlicher Perspektive, DÖV 2018, S. 482.

Payandeh, Mehrdad, Die Sensibilität der Strafjustiz für Rassismus und Diskriminierung, DRiZ 2017, S. 322.

Payandeh, Mehrdad, Judikative Rechtserzeugung, 2017.

Payandeh, Mehrdad, Positive Verpflichtungen im Zusammenhang mit verfassungsrechtlichen Diskriminierungsverboten, Rechtswissenschaftliche Analyse zum Entwurf eines Gesetzes zur Änderung des Grundgesetzes (BT-Drs. 19/24434 vom 18. November 2020) im Hinblick auf eine Ergänzung von Art. 3 Abs. 3 GG zum Schutz gegen gruppenbezogene Menschenwürdeverletzungen, erstellt im Auftrag der Fraktion BÜNDNIS 90/DIE GRÜNEN im Deutschen Bundestag v. 18.4.2021, abrufbar unter https://www.gruene-bundestag.de/fileadmin/media/gruenebundestag_de/Veranstaltungen/pdf/Payandeh_-_Analyse.pdf.

Pearce, Russell G./Wald, Eli/Ballakrishnen, Swethaa S., Difference Blindness vs. Bias Awareness: Why Law Firms with the Best of Intentions Have Failed to Create Diverse Partnerships, Fordham Law Review 83 (2015), S. 2407.

Peters, Anne/König, Doris, Das Diskriminierungsverbot, in: Dörr, Oliver/Grote, Rainer/Marauhn, Thilo (Hrsg.), EMRK/GG, Konkordanzkommentar, 2. Aufl. 2013, Kap. 21.

Pierce, Chester, Offensive Mechanisms, in: Barbour, Floyd D. (Hrsg.) The Black Seventies, 1970, S. 265.

Rehbinder, Manfred, Rechtssoziologie, 8. Aufl. 2014.

Rhode, Deborah L., From Platitudes to Priorities: Diversity and Gender Equity in Law Firms, Georgetown Journal of Legal Ethics 24 (2011), S. 1041.

Rhode, Deborah L., In the Interests of Justice: Reforming the Legal Profession, 2000.

Riedel, Johannes, Das Zurichten des Sachverhalts, in: Hof, Hagen/v. Olenhusen, Peter Götz (Hrsg.), Rechtsgestaltung – Rechtskritik – Konkurrenz von Rechtsordnungen, 2012, S. 430.

Röhl, Klaus F., Rechtssoziologie, 1987.

Roig, Emilia, Why We Matter: Das Ende der Unterdrückung, 2021.

Rottleuthner, Hubert, Abschied von der Justizforschung? Für eine Rechtssoziologie „mit mehr Recht", ZfRSoz 3 (1982), S. 82.

Sachs, Michael (Hrsg.), Grundgesetz, Kommentar, 9. Aufl. 2021.

Sachs, Michael, Besondere Gleichheitsgarantien, in: Isensee, Josef/Kirchhof, Paul (Hrsg.), Handbuch des Staatsrechts der Bundesrepublik Deutschland, Bd. VIII, 3. Aufl. 2010, § 182.

Sachs, Michael, Die sonstigen besonderen Gleichheitssätze, in: Stern (Hrsg.), Staatsrecht der Bundesrepublik Deutschland, Bd. IV/2, 2011, S. 1702.

Sachs, Michael, Grenzen des Diskriminierungsverbots: Eine Untersuchung zur Reichweite des Unterscheidungsverbots nach Artikel 3 Abs. 2 und 3 Grundgesetz, 1987.

Sachverständigenrat deutscher Stiftungen für Integration und Migration, Allein durch den Hochschuldschungel: Hürden zum Studienerfolg für internationale Studierende und Studierende mit Migrationshintergrund, 2017, abrufbar unter https://www.svr-migration.de/publikationen/hochschuldschungel/.

Sachverständigenrat für Integration und Migration, Normalfall Diversität? Wie das Einwanderungsland Deutschland mit Vielfalt umgeht, Jahresgutachten 2021, abrufbar unter: https://www.svr-migration.de/wp-content/uploads/2021/05/SVR_Jahresgutachten_2021.pdf.

Säcker, Franz Jürgen/Riexecker, Roland/Oetker, Hartmut/Limperg, Bettina (Hrsg.), Münchener Kommentar zum Bürgerlichen Gesetzbuch, Bd. 1, 8. Aufl. 2018.

Sacksofsky, Ute, Das Grundrecht auf Gleichberechtigung: Eine rechtsdogmatische Untersuchung zu Artikel 3 Absatz 2 des Grundgesetzes, 2. Aufl. 1996.

Sacksofsky, Ute, Was heißt: Ungleichbehandlung „wegen“?, in: Kempny, Simon/Reimer, Philipp (Hrsg.), Gleichheitssatzdogmatik heute, 2017, S. 63.

Sagan, Adam, Unionaler Diskriminierungsschutz gegen Kopftuchverbote am Arbeitsplatz, EuZW 2017, S. 457.

Sandel, Michael J., The Tyranny of Merit: What's Become of the Common Good?, 2020.

Sauer, Heiko, Staatsrecht III, 6. Aufl. 2020.

Sauer, Martina, Identifikation und politische Partizipation türkeistämmiger Zugewanderter in Nordrhein-Westfalen und in Deutschland, 2018, abrufbar unter https://cdn.website-editor.net/09fe2713f5da44ff99ead273b339f17d/files/uploaded/2017.pdf.

Savoy, Bénédicte, Die Provenienz der Kultur: Von der Trauer des Verlusts zum universalen Menschheitserbe, 2018.

Schauer, Frederick, Statistical (and non-statistical) discrimination, in: Lippert-Rasmussen, Kasper (Hrsg.), Routledge Handbook of the Ethics of Discrimination, 2018, S. 42.

Schindler, Steffen, Aufstiegsangst? Eine Studie zur sozialen Ungleichheit beim Hochschulzugang im historischen Zeitverlauf, 2012, abrufbar unter https://www.vodafone-stiftung.de/wp-content/uploads/2019/06/hochschul_1209_020_1.pdf.

Schlenzka, Nathalie/Stocker, Rainer, Diskriminierungsschutz als Teil von Diversity-Strategien an Hochschulen, in: Darowska, Lucyna (Hrsg.), Diversity an der Hochschule: Diskriminierungskritische und intersektionale Perspektiven auf Chancengleichheit an der Hochschule, 2019, S. 13.

Schlüter, Sophie/Schoenes, Katharina, Zur Ent-Thematisierung von Rassismus in der Justiz, movements 2 (2016), S. 199.

Schmahl, Stefanie, Gleichheitsgarantien, in: Grabenwarter, Christoph (Hrsg.), Europäischer Grundrechtsschutz, Enzyklopädie Europarecht, Bd. 2, 2014, § 15.

Schmidt-Bleibtreu, Bruno/Hofmann, Hans/Henneke, Hans-Günter (Hrsg.), Grundgesetz, 14. Aufl. 2017.

Schultz, Ulrike, Konstruktion von Weiblichkeit in juristischen Lehrmaterialien – die staubwischende Hausfrau oder „Diamonds are a Girl's Best Friends", in: Ministerium für Gesundheit, Soziales, Frauen und Familie des Landes Nordrhein-Westfalen (Hrsg.), Frauen und Recht, Reader für die Aktionswochen der kommunalen Gleichstellungsbeauftragten, 2003, S. 113, abrufbar unter https://www.fernuni-hagen.de/rechtundgender/downloads/frauenundrecht.pdf.

Schultz, Ulrike/Böning, Anja/Peppmeier, Ilka/Schröder, Silke, De jure und de facto: Professorinnen in der Rechtswissenschaft, 2018.

v. Schwanenflug, Noreen, Anmerkung zu BVerfG, Beschl. v. 14.1.20, 2 BvR 1333/17, NVwZ 2020, S. 474.

Schwarze, Jürgen/Becker, Ulrich/Hatje, Armin/Schoo, Johann (Hrsg.), EU-Kommentar, 4. Aufl. 2019.

Schweigler, Daniela, Das Frauenbild in der bayerischen Justizausbildung, DRiZ 2014, S. 52.

Sexton, Jared, People-of-Color-Blindness: Notes on the Afterlife of Slavery, Social Text 2010, S. 31.

Siegert, Manuel, Berufliche und akademische Ausbildung von Migranten in Deutschland, 2009, abrufbar unter https://www.bamf.de/SharedDocs/Anlagen/DE/Forschung/WorkingPapers/wp22-berufliche-ausbildung.pdf.

Simon, Patrick, Collecting ethnic statistics in Europe: a review, Ethnic and Racial Studies 35 (2012), S. 1366.

Simon, Patrick, The measurement of racial discrimination: the policy use of statistics, International Social Science Journal 57 (2005), S. 7.

Singelnstein, Tobias, Predictive Policing: Algorithmenbasierte Straftatprognosen zur vorausschauenden Kriminalintervention, NStZ 2018, S. 1.

Solanke, Iyiola, Black Female Professors in the UK, 2017, abrufbar unter https://www.runnymedetrust.org/uploads/BlackFemaleProfessorsMarch2017.pdf.

Solanke, Iyiola, Where Are the Black Lawyers in Germany?, in: Eggers, Maureen Maisha/Kilomba, Grada/Piesche, Peggy/Arndt, Susan (Hrsg.), Mythen, Masken und Subjekte, 2005, S. 179.

Soll, Johanna, Ethnische Bedenken, Verfassungsblog v. 30.9.2020, abrufbar unter https://verfassungsblog.de/ethnische-bedenken/.

Sotomayor, Sonia, A Latina Judge's Voice, Berkeley La Raza Law Journal 13 (2002), S. 87.

Sow, Amadou Korbinian, Eine Praxistheorie für das Recht, Rechtsphilosophie 2019, S. 142.

Sow, Amadou Korbinian, How to Orient Oneself in White Jurisprudence: Universality, Race, and the Law, C4eJ 60 (2020), abrufbar unter https://c4ejournal.net/2020/07/21/amadou-korbinian-sow-how-to-orient-oneself-in-white-jurisprudence-universality-race-and-the-law-2020-c4ej-60/.

Sow, Amadou Korbinian, Was „weiße“ Rechtswissenschaft jetzt tun kann, Verfassungsblog v. 11.6.2020, abrufbar unter https://verfassungsblog.de/was-weisse-rechtswissenschaft-jetzt-tun-kann/.

Sow, Noah, Deutschland Schwarz Weiß: Der alltägliche Rassismus, 2018.

Spencer, Steven J./Steele, Claude M./Quinn, Diane M., Stereotype threat and women's math performance, Journal of Experimental Social Psychology 35 (1999), S. 4.

Staats, Johann-Friedrich, Deutsches Richtergesetz, Kommentar, 2012.

Statistisches Bundesamt, Bevölkerung mit Migrationshintergrund – Ergebnisse des Mikrozensus 2019 (Fachserie 1 Reihe 2.2 - 2019), 2020 abrufbar unter https://www.destatis.de/DE/Themen/Gesellschaft-Umwelt/Bevoelkerung/Migration-Integration/Publikationen/Downloads-Migration/migrationshintergrund-2010220197004.pdf.

Stegmaier, Peter, Wissen, was Recht ist, 2009.

Stern, Klaus/Becker, Florian (Hrsg.), Grundrechte-Kommentar, 2. Aufl. 2016.

Stifterverband, Hochschul-Bildungs-Report 2020 – Jahresbericht 2019, abrufbar unter https://www.stifterverband.org/medien/hochschul-bildungs-report-2020-bericht-2019.

Stix, Carolin, Rassismuskritik in der Rechtswissenschaft, in: Bretthauer, Sebastian/Henrich, Christina/Völzmann, Berit/Wolckenhaar, Leonard/Zimmermann, Sören (Hrsg.), Wandlungen im Öffentlichen Recht: Festschrift zu 60 Jahren Assistententagung – Junge Tagung Öffentliches Recht, 2020, S. 218.

Sue, Derald Wing/Spanierman, Lisa, Microaggressions in Everyday Life, 2. Aufl. 2020.

Sullivan, Barry, The Power of Imagination: Diversity and the Education of Lawyers and Judges, UC Davis Law Review 51 (2018), S. 1105.

Supik, Linda, Statistik und Diskriminierung, in: Scherr, Albert/El-Mafaalani, Aladin/Yüksel, Gökçen (Hrsg.), Handbuch Diskriminierung, 2017, S. 191.

Thornberry, Patrick, The International Convention on the Elimination of All Forms of Racial Discrimination: A Commentary, 2016.

Tischbirek, Alexander, Antidiskriminierungsgesetzgebung der Länder im Mehrebenensystem, ZG 2017, S. 165.

Tischbirek, Alexander, Diskriminierungsschutz in der Gefahrenabwehr, in: Mangold, Anna Katharina/Payandeh, Mehrdad (Hrsg.), Handbuch Antidiskriminierungsrecht 2021, *im Erscheinen*.

Tobler, Christa, Grenzen und Möglichkeiten des Konzepts der mittelbaren Diskriminierung, 2008.

Towfigh, Emanuel V., #Ehrenmann: Gesellschaftliche Vielfalt in der Lehre, Verfassungsblog v. 23.7.2020, abrufbar unter https://verfassungsblog.de/ehrenmann-gesellschaftliche-vielfalt-in-der-lehre/.

Towfigh, Emanuel V., Der Umgang mit Empirie beim Nachweis von Diskriminierung, in: Mangold, Anna Katharina/Payandeh, Mehrdad (Hrsg.), Handbuch Antidiskriminierungsrecht, 2021, *im Erscheinen*.

Towfigh, Emanuel V./Traxler, Christian/Glöckner, Andreas, Geschlechts- und Herkunftseffekte bei der Benotung juristischer Staatsprüfungen, ZDRW 5 (2018), S. 115.

Towfigh, Emanuel V./Traxler, Christian/Glöckner, Andreas, Zur Benotung in der Examensvorbereitung und im ersten Examen, ZDRW 1 (2013), S. 8.

Uerpmann-Wittzack, Robert, Gleiche Freiheit im Verhältnis zwischen Privaten: Artikel 3 Abs. 3 GG als unterschätzte Verfassungsnorm, ZaöRV 68 (2008), S. 359.

Valentiner, Dana, (Geschlechter)Rollenstereotype in juristischen Ausbildungsfällen – eine hamburgische Studie, 2017, abrufbar unter https://www.jura.uni-hamburg.de/media/ueber-die-fakultaet/gremien-und-beauftragte/broschuere-gleichstellung.pdf.

Valentiner, Dana, Gendersensibilität als Perspektive für die rechtswissenschaftliche Fachdidaktik, in: Astleitner, Hermann/Deibl, Ines/Lagodny, Otto/Warto, Patrick/Zumbach, Jörg (Hrsg.), Rechtsdidaktik zwischen Theorie und Praxis, 2019, S. 154.

Vogel, Lars/Zajak, Sabrina, Teilhabe ohne Teilnahme? Wie Ostdeutsche und Menschen mit Migrationshintergrund in der bundesdeutschen Elite vertreten sind, DeZIM Research Notes 4/20 v. 7.10.2020, abrufbar unter https://www.dezim-institut.de/fileadmin/user_upload/Projekte/Eliten/ResearchNotes_04_201030_ansicht.pdf.

Wald, Eli, A Primer on Diversity, Discrimination, and Equality in the Legal Profession or Who is Responsible for Pursuing Diversity and Why, Georgetown Journal of Legal Ethics 24 (2011), S. 1079.

Weichselbaumer, Doris, Discrimination against Female Migrants Wearing Headscarves, IZA Discussion Paper No. 10217, 2016, abrufbar unter http://ftp.iza.org/dp10217.pdf.

Weinberg, Nils, Ansätze zur Dogmatik der intersektionalen Benachteiligung, EuZA 2020, S. 60.

Wiecek, William M., Structural Racism and the Law in America Today: An Introduction, Kentucky Law Journal 100 (2011), S. 1.

Wilkerson, Isabel, Caste: The Origins of Our Discontents, 2020.

Wilkins, David B./Gulati, G. Mitu, Why are there so few Black Lawyers in Corporate Law Firms? An Institutional Analysis, California Law Review 84 (1996), S. 493.

Will, Anne-Kathrin, Migrationshintergrund im Mikrozensus. Wie werden Zuwanderer und ihre Nachkommen in der Statistik erfasst?, 2018.

Williams, Christopher, Gatekeeping the Profession, Equal Rights & Social Justice 26 (2020), S. 171.

Williams, Patricia J., The Alchemy of Race and Rights, 1991.

Wilson, Alexandra, In Black and White: A Young Barrister's Story of Race and Class in a Broken Justice System, 2020.

Wissenschaftsrat, Empfehlungen zur Ausgestaltung von Berufungsverfahren, 2005, Drs. 6709–05.

Wissenschaftsrat, Perspektiven der Rechtswissenschaft in Deutschland. Situation, Analysen, Empfehlungen, 2012, Drs. 2558–12.

Word, Carl O./Zanna, Mark P./Cooper, Joel, The Nonverbal Mediation of Self-fulfilling Prophecies in Interracial Interaction, Journal of Experimental Social Psychology 10 (1974), S. 109.

Wrase, Michael, Recht als soziale Praxis – eine Herausforderung für die juristische Profession?!, in: Pilniok, Arne/Brockmann, Judith (Hrsg.), Die juristische Profession und das Jurastudium, 2017, S. 41.

Zentrum für transdisziplinäre Geschlechterstudien, AG Lehre (Hrsg.), Diskriminierungskritische Lehre: Denkanstöße aus den Gender Studies, 2016, abrufbar unter https://www.gender.hu-berlin.de/de/studium/diskriminierungskritik-1/broschuere-der-ag-lehre-diskriminierungskritische-lehre-denkanstoesse-aus-den-gender-studies.

Zick, Andreas, Sozialpsychologische Diskriminierungsforschung, in: Scherr, Albert/El-Mafaalani, Aladin/Yüksel, Gökçen (Hrsg.), Handbuch Diskriminierung, 2017, S. 59.

Zuck, Rüdiger, Ist Ugah, Ugah eine rassistische Äußerung?, NZA 2021, S. 166 (digital nicht mehr abrufbar).

Zeitfracht Medien GmbH
Ferdinand-Jühlke-Straße 7
99095 Erfurt, Deutschland
produktsicherheit@kolibri360.de